班主任手记：班级管理的"道"与"法"

孙军棵·著

陕西新华出版
陕西人民教育出版社
·西安·

图书在版编目（CIP）数据

班主任手记：班级管理的"道"与"法"/孙军棵著.——西安：陕西人民教育出版社，2024.12. ISBN 978-7-5757-0568-4

Ⅰ．G635.16

中国国家版本馆 CIP 数据核字第 2024CT2243 号

班主任手记：班级管理的"道"与"法"

BANZHUREN SHOUJI: BANJI GUANLI DE "DAO" YU "FA"

出　　版	陕西人民教育出版社
发　　行	陕西人民教育出版社
地　　址	西安市丈八五路 58 号（邮编：710077）
责任编辑	刘　程
装帧设计	张梦琴
印　　制	北京联合互通彩色印刷有限公司

开　　本	787 毫米 ×1092 毫米 1/16
印　　张	12.38
字　　数	173 千
版　　次	2025 年 4 月第 1 版
印　　次	2025 年 4 月第 1 次印刷

标准书号	ISBN 978-7-5757-0568-4
定　　价	60.00 元

版权所有·违者必究

自 序

对教育保持谦逊、开放、探索的态度

教育，一个古老而永恒的话题。它如同一条悠长的河流，承载着人类的智慧与希望，流淌在时间的最深处。

它涉及方方面面，既是一个系统性的命题，又是一个专业性的命题，更是一项需要理想情怀去支撑着走下去的事业。

一、教育是教育者人生的重大命题

首先，教育是一个系统性的命题。它如同一座庞大的建筑，由无数个层面和细节装饰构成。本书只是选择其中的"班主任如何管理班级"这一构成部分，传达自己的一些经验，阐述一些观点。然而，即便是从班级管理这样的单一视角去阐释教育，也足以让我们深刻感受到教育的复杂性和多样性。班级管理的目的、内容、方法，一直到整个教育的环境、资源、制度，每一环节都紧密相连，相互影响。我们不能只看到班级管理的表面现象，而是要深入其内在教育逻辑，更要从班主任的个人教育认知、能力提升、实战经验等方面去探究。只有这样，我们才能更好地理解班级管理的内涵，更好地推动学生的成长。

其次，教育是一个专业性的命题。它需要我们具备深厚的专业知识和实践经验，才能有效地开展工作。作为有着十几年班主任工作经验的教师，我愿意分享一些工作实践和思考。这些实践与思考，虽然只是教育世界中的冰山一角，但却凝聚了我对教育的热爱与追求。在教育的道路上，就是这样不断地学习、思考、实践、记录、反思，再学习，才能不断提升自己的专业素养和能力水平。

再次，教育更是一项需要与时俱进的工作。身为一线教育工作者，我具备的所有的班级管理心得和管理观念，所有获得的经验和方法，都是基于教育实践的总结，虽然不足以帮助所有人去应对未来的教育，但希望能够对于同行起到抛砖引玉的效果。

最后，我想说教育还是一项需要倾注理想与情怀的事业。面对一个个鲜活的生命，教育者要做的不仅仅是传授知识，更是塑造灵魂，点燃每个人的理想之火。这需要我们始终有一颗赤诚之心，用真挚的情感和无私的奉献精神去关注和引导每一个学生。当我把自己的观点与经验分享出来时，不仅仅是在表达个人的见解，更是在传递一种理想情怀，一种对教育的热爱与执着。我希望与同行们一起，共享教育的成果与喜悦，共同成长为一个更优秀的教育者。

二、教育是教育者终身探索的事业

培育教育的累累硕果，并非一蹴而就的事情，它需要我们持之以恒地努力，不断地探索和创新。这需要我们教育者时刻保持谦虚和开放的心态，向同行们学习，向实践学习，向学生学习。只有这样，我们才能够不断地提升自己的教育水平，为学生的成长和发展贡献更多的力量。

同时，我们也要时刻保持对教育的敬畏和谦逊之心。教育是一个博大精深的体系，我们永远都不可能穷尽它的奥秘和精髓。因此，唯有不断地学习、进步，不断地反思、改进，永远保持一颗谦虚好学的心，我们才能够跟上时代的步伐，适应教育的发展需求。

在庞杂的教育系统工程中，笔者从教 24 年，一直从事高中物理学科的教学，同时也一直担任班主任工作。在工作时偶有所感，便会记录下来，并汇集成册。我不敢妄言这是在论证教育大义，只敢说是"微言教育"，并把它们付梓出版——与朋友们共享、共勉。

愿我们每一个教育者都能够心中有爱，眼中有光，手中有力，用我们的智慧和汗水，成就孩子的成长。让我们携手同行，在这条充满理想与情怀的道路上，共同书写教育的华章，共同创造美好的未来。

孙军棵

2024 年 6 月

目 录

第一章　班级管理之"道"：班主任应有的教育思考　/001
教育理念指导教育行为　/003
探寻"人是什么"的教育意义　/006
从马斯洛需求层次理论理解"人"的教育　/009
基于弗洛伊德潜意识理论视角的教育反思　/013
如何看待"人"，如何做教育　/016
从哲人的视角看教育：思维、生活与生命的融合　/020
教育的温暖与未尽之美　/022
重塑教育观：超越误区，追求教育的真谛　/024
适应未来——找到洞察学生的新视角　/026
信息时代下的德育新思考　/029
追求"幸福"的教育　/032
"家长学校"建设的一点思考　/035
追求理想的教育，成就教育的理想　/037

第二章　班主任能力提升：工作认知与自我修炼　/040
班主任应有的情怀与坚守　/042
时代在呼唤有爱又有智慧的班主任　/044

品牌班级建设的一点思考 /046
班级文化建设的思与行 /051
中小学班主任专业发展的思考与行动 /056
走出班主任工作的误区 /060
做一个有品位的班主任 /064
一线班主任的专业发展之路 /067
班主任专业成长之阅读 /070
班主任专业发展之写作 /073
班主任专业发展之课题研究 /077
班主任素养提升之如何管理好情绪 /080
班主任管理技能之做个优秀演讲者 /085

第三章 班级管理之"法":班主任管理实战案例 /101

班级管理中的卡耐基原则 /103
如何打造一节优秀的主题班会课 /106
新手班主任如何上好班会课 /111
中途接任班主任怎么快速融入新班级 /114
走出班主任师生关系的定位误区 /117
班主任工作如何获得学生认可 /122
班主任如何与学生友好相处 /124
如何制定班级发展规划 /127
如何制定合理有效的班规 /131
关于学生戒除沉迷手机的引导方法 /136
班上学生总迟到该怎么办 /138
如何表扬与批评学生更有效 /141
班干部选拔的艺术与智慧 /144

这样培养班干部更得力　　　　　　　　　　　　　　/148

　　培养班干部的几个小技巧　　　　　　　　　　　　/151

　　班干部常见的问题与解决方法　　　　　　　　　　/153

　　新手班主任如何赢得家长的信任与支持　　　　　　/156

　　高中班主任如何开好家长会　　　　　　　　　　　/159

第四章　班主任智慧：与家长、学生组成教育共同体　/167

　　班主任故事：我所追求的"良善教育"　　　　　　/169

　　班主任反思：家长的期待与坚守　　　　　　　　　/171

　　与家长共探：大考前如何调节考生的心理状态　　　/174

　　与家长共探：孩子反复出错该怎么办　　　　　　　/178

　　与学生共勉：走出舒适区，遇见更美的自己　　　　/182

　　与学生共勉：建设你们的自律的人生　　　　　　　/184

　　与学生共勉：别让手机偷走你的梦想　　　　　　　/186

　　与学生共勉：你的青春你做主　　　　　　　　　　/189

第一章

班级管理之"道":班主任应有的教育思考

第一章　班级管理之"道"：班主任应有的教育思考

班主任作为教育体系中的关键角色，承担着对学生进行日常管理、教育指导以及品德培养的重要职责。在快速变化的社会和教育环境中，班主任提高对教育的认知不仅是自身专业发展的需要，也是为了更好地适应教育改革、满足学生全面发展的要求。班主任提高教育认知的必要性在于教育认知是指教师对教育的本质、目的、过程和规律等方面的理解和认识，一个具有高度教育认知的班主任能够更好地履行职责，促进学生的全面发展。

教育理念指导教育行为

我曾经认为"理念"是个很虚的东西，但是，几年前的一项工作安排，让我彻底改变了看法，并且对"理念指导行动"有了深刻的领悟和由衷的认可。

那是某一年的六一儿童节，市领导要来学校看望及慰问同学们，同时还有其他领导去探望另外一所小学的小朋友。接到教育局的通知，两所学校同时开始筹备六一接待工作。

我们学校倡导的理念是"一切工作，都是为了学生的发展，都要围绕学生的发展"。平时的教学管理，也很少有规训的部分。因此，这次的整个活动筹备首先考虑的是如何帮助学生发自内心地庆祝六一儿童节，如何让学生自发而热情地参与到接待活动中去并感受到快乐。整个策划和筹备，并没有特别指定哪些学生参与"表演"，所有学生的参与都是自然发生的。六一当天，孩子们参与活动的热情与灵动感、与领导互动的自然与自信的表现，令所有人都十分欣慰。

兄弟学校的接待筹备工作也做得非常扎实。按照传统的做法，组织学生进行了各个场景和环节的演练。六一当天，由于领导在上一环节逗留时间超过预定时间，导致另一场景的两个班的学生在阳光下等待了二十多分钟。

在事后对工作的复盘、反思中，同一种活动，不同的处理方式和呈现结果令我深受触动。我认为，这一切表象的根源来自不同的"教育理念"。

教育理念是教育实践行动的指南，也是教育过程中每个人之间产生情感共鸣的源泉。它不仅是教育者智慧的结晶，更是教育实践的灵魂所在。只有深入理解和践行教育理念，我们才能在教育的道路上走得更加坚定、更加自信。

教育理念是教学实践的指导思想。在教学的每一个环节中，教育理念都发挥着不可替代的作用。从教学目标的确立，到教学内容的选择，再到教学方法的运用，都离不开教育理念的指导。一个科学、合理的教育理念，能够使我们的教学更加贴近学生的实际需求，更加符合教育的发展规律，从而取得更好的教学效果。

教育理念也是教学管理的行动纲要。在教学管理的过程中，我们需要遵循一定的原则和规律，而这些原则和规律往往就蕴含在教育理念之中。一个先进的教育理念，能够引导我们创新管理方式，优化管理流程，提高管理效率。它使我们更加注重学生的全面发展，关注学生的个体差异，为学生的成长提供更加有力的保障。

教育理念并非空洞的理论，它更是我们教育实践的情感源泉。每一位教育工作者都应该怀着对教育的深深热爱去践行自己的教育理念。当我们用自己的教育理念去指导教学实践时，我们会发现自己的内心充满了激情和动力。我们会更加关注学生的成长，更加珍视与学生的每一次互动，更加享受教育的过程。这种情感的投入，不仅会使我们的教育实践更加富有感染力，也会使我们的教育理念更加深入人心。

当然，在践行教育理念的过程中，我们还需要与时俱进，不断吸收新的教育思想和教育理念，不断地反思和修正秉承的教育理念。我们需要时刻保持敏锐的洞察力和开放的心态，及时发现教育实践中的问题和不足，用新的教育理念去引导和解决这些问题。这种反思和修正的过程，也是教育理念不断升华的过程。

探寻"人是什么"的教育意义

无论是学校还是家庭，理解"人"，才能更好地教育"人"。当我们深入反思"人是什么"这一命题时，必须意识到教育的本质不仅仅是知识的传递，更是引导学生认识自我、理解世界、追求真理，是把学生作为一个完整的人的培养。"人是什么？"不仅是哲学上的根本问题，也是教育实践中必须面对的重要课题。

一、康德四问与教育实践

"我能够知道什么？我应当做什么？我可以希望什么？人是什么？"著名的康德四问，如同四盏明灯，照亮了人类认识自我的道路。它启示我们：生而为"人"，想要自立、自强，首先需要自知、自明。

在教育实践中，我们同样需要回答这四个问题。首先，"我能够知道什么？"这是关于知识和认知的问题。作为教师，我们需要引导学生认识到知识的局限性和无限性，培养他们的批判性思维和终身学习的能力。其次，"我应当做什么？"这是关于道德和行为的问题。教育不仅仅是传授知识，更是培养学生正确的价值观和道德观，引导他们做出符合道德和伦理的选择。再次，"我可以希望什么？"这是关于信仰和追求的问题。教育应该激发学生的梦想和追求，让他们拥有对未来的希望和信念。最后，"人是什么？"这是自我认知和人性理解的问题，也是教育的核心问题。

二、柏拉图：身体与灵魂的双重性

柏拉图认为，人有身体和灵魂两部分。身体是物质的，灵魂则是精神的。理解这一观点，能更好地帮助我们认识教育的本质与关键要素。首先，我们要认识到身体是教育的基础。身体健康是学生学习和成长的前提。当然，我们也要关注到学生的心理健康，培养他们的积极心态和情绪管理能力。其次，灵魂的教育更为关键。

柏拉图将灵魂分为理性、意志和欲望三部分，这三部分在教育中都有着重要的作用。理性是智慧之源，我们要通过知识的传授和思维的训练来培养学生的理性能力；意志是行动的指南，我们要通过德育和品格教育来锻炼学生的意志品质；欲望则是人类天生的动力，我们要在教育中引导学生正确地认识和满足欲望，避免过度追求物质享受而忽略精神追求。

三、苏格拉底：未经省察的人生不值得过

苏格拉底提出"未经省察的人生不值得过"，强调了自我反思在人的成长和发展中的重要性。首先，我们要培养学生的批判性思维。批判性思维不仅是对知识的质疑和审视，更是对自我行为和思想的反思与评估。只有具备了批判性思维，学生才能独立思考、自主判断，做出符合道德和伦理的选择。其次，我们要关注学生的情感体验和成长经历。学生的情感体验和成长经历是他们认识自我、理解世界的重要途径。我们要关注学生的内心世界，了解他们的需求和困惑，引导他们正确地面对挫折和失败，培养他们的抗挫能力和自我修复能力。最后，我们要尊重学生的个体差异和多样性。每个学生都是独一无二的个体，他们有着不同的兴趣、爱好和天赋。我们要尊重学生的个性差异，提供多样化的教育资源和活动机会，让他们能够充分发挥自己的优势和特长。

四、教育反思：如何回答"人是什么"

在教育实践中回答"人是什么"这一问题需要我们综合考虑多个方面。首先，我们要认识到人是复杂而多面的存在。人不仅有物质身体的生理需求，还有精神灵魂的文化追求。因此，在教育中我们要全面关注学生的身心发展和文化素养的提升。其次，我们要关注学生的个体差异和多样性。每个学生都是独一无二的个体，他们有着不同的背景、经历和天赋。我们要尊重学生的个性差异，提供个性化的教育资源和活动机会，让他们能够充分发挥自己的优势和特长。最后，我们要培养学生的批判性思维和自我反思能力。只有具备了批判性思维和自我反思能力的学生才能独立思考、自主判断，做出符合道德和伦理的选择，成为具有责任感、创新精神和批判性思维的现代人。

在深入探寻"人是什么"的教育意义中，教师角色的转变也是至关重要的。

传统的教师角色往往是知识的传递者，而在新的教育理念下，教师更应当是学生的引导者、合作者和伙伴。首先，教师应当成为学生的引导者。在教育中，教师不再是单纯的知识传递者，而是要通过启发、引导等方式，帮助学生发现问题、解决问题，培养他们的自主学习能力和创新精神。其次，教师应当成为学生的合作者。在教育实践中，教师应当与学生建立平等的合作关系，共同探索知识、解决问题。通过合作学习、小组讨论等方式，培养学生的合作精神和团队协作能力。最后，教师应当成为学生的伙伴。在教育过程中，教师应当关注学生的情感体验和成长经历，与他们建立深厚的情感联系。通过倾听、理解、支持等方式，成为学生的知心朋友和成长伙伴。

"人是什么？"这一问题是教育中的核心问题也是永恒的话题。在教育实践中我们需要不断地探寻、反思和创新以更好地回答这一问题。作为教师，我们要关注学生的身心发展、个性差异和多元智能的培养；同时我们也要引导学生进行自我反思和培养他们的批判性思维和自我修复能力。只有这样我们才能培养出具有责任感、创新精神和批判性思维的现代人，让他们在未来的社会中更好地发挥自己的作用。

从马斯洛需求层次理论理解"人"的教育

在教育领域探讨"人"的问题与挑战时,马斯洛的需求层次理论为我们提供了一个独特且富有洞察力的视角,对帮助我们更深入地理解学生的学习动机、优化教育环境以及设计个性化的教育策略具有重要的指导意义。

一、生理需求与教育实践

马斯洛需求层次理论的最底层是生理需求,即人对于食物、水、空气、睡眠等基本生存条件的需要。可见,满足学生的生理需求是教育过程得以顺利进行的基础。首先,学校应提供安全、卫生、舒适的学习环境,确保学生的基本生活条件得到满足。其次,合理安排学生的作息时间,保证学生有足够的休息和睡眠,以维持良好的学习状态。此外,学校还应关注学生的饮食健康,提供营养均衡的餐饮服务,满足学生生长发育的需要。

生理需求作为马斯洛需求层次理论的基础,对于学生的学习和成长至关重要。理解这一点,可以很好地帮助我们处理好以下两个常见的教育问题。一是环境对学生学习的影响问题,舒适的学习环境、完善的教育教学设施是提升学习效率、增强学习幸福感的重要因素。显然,我们在班级建设中的着力点自然就清晰了。二是以磨炼身心意志的名义,实施有悖学生基本生理需求的作息与学习管理措施,显然是无效且不道德的。比如一些学校为了追求升学率,过度压缩学生的休息时间,导致学生身心疲惫;还有一些学校的餐饮服务质量不高,无法满足学生的营养需求。这些问题不仅影响了学生的学习效果,还可能对学生的身心健康造成不良影响。

二、安全需求与教育环境

在满足了生理需求之后,人们会追求安全需求,即希望生活在稳定、安全、有秩序的环境中。校园学习生活也是一样,学生同样存在安全需求,即在一个稳定、安全、有秩序的环境中学习和成长。除了一般意义上的环境与治安的安全,学生的安全还包括心理与情感上的安全感。从学校层面来看，首先，建立健全的安全管理制度，确保学生在校园内的安全是办学的基础保障。这包括加强校园安保力量、完善安全设施、定期开展安全教育等。其次，教师应关注学生的心理健康和情感需求，及时发现和解决学生的心理问题，为学生提供心理疏导和支持。此外，学校还应积极与家长沟通合作，共同维护学生的安全。

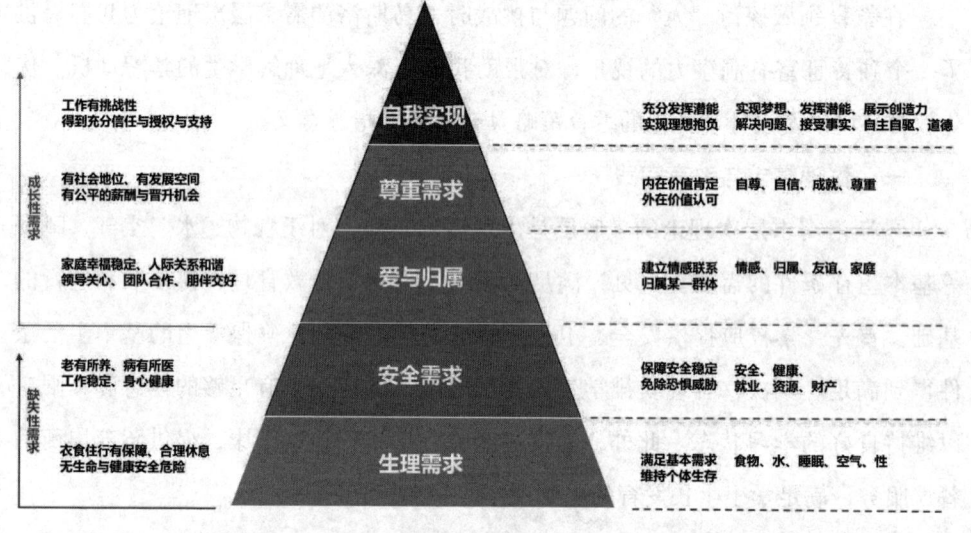

图 1 马斯洛需求层次理论图

"生命至上、安全第一"的观念已经深入人心，但在实践中，我们也发现一些学校在满足学生安全需求方面存在不足。一个典型的问题就是校园霸凌，除了身体上的伤害，更严重的是带给受害者心理和情感上的创伤。因此，从严处置校园霸凌问题是全社会都应重视的工作。此外，还有一些教师缺乏心理健康教育知识，无法有效应对学生的心理问题；也有一些学校与家长沟通不畅，导致家校合作难以有效进行。这些问题都可能影响学生的安全感和归属感，进而影响学生的学习效果。

三、归属和爱的需求与师生关系

归属和爱的需求是人们在满足了生理和安全需求之后追求的一种更高层次的需求。在教育领域，这种需求表现为学生渴望与教师和同学建立亲密的关系和联系。因此，建立和谐融洽的师生关系对于满足学生的归属和爱的需求至关重要。首先，教师应关心关爱每一个学生，关注学生的情感需求和心理变化，为学生提供温暖和支持。其次，教师应积极引导学生参与集体活动和社会实践，让学生在团队中感受归属感和荣誉感。此外，教师还应注重培养学生的团队合作精神和集体荣誉感，让学生在集体中共同成长和进步。

当教师过于注重知识的传授和考试成绩的提高，忽视与学生的情感交流和心理沟通；或者教师缺乏团队合作精神和集体荣誉感，无法为学生树立良好的榜样，都会影响学生的归属和爱的需求的满足程度。

四、尊重需求与激励机制

尊重需求是人们在满足了归属和爱的需求之后追求的一种更高层次的需求。在教育领域，这种需求表现为学生渴望得到他人的认可和尊重。因此，建立合理的激励机制对于满足学生的尊重需求具有重要意义。首先，学校应建立公正、公平、透明的评价体系，让学生明确自己的学习目标和发展方向。其次，定期开展表彰和奖励活动，对表现优秀的学生进行公开表彰和奖励，以增强学生的自信心和成就感。此外，还应鼓励学生参与各种比赛和展示活动，让学生有机会展示自己的才能和成果，获得他人的认可和尊重。

值得提醒和说明的是，学生是成长中的人，我们应该以发展的眼光看待或评价学生的成长表现。一些学校或班级的表彰和奖励活动过于单一和片面，无法全面反映学生的优点和特长。还有一个比较常见的现象，学生在校时，在某一学科或某一方面并没有表现出特别的过人之处，后来却发展成了这一领域的专家。说明学生当下在某一方面表现不如意，并不代表在这一领域就没有发展潜力。因此，我们要用成长性思维看待和评价学生，要有足够的耐心给予学生成长的空间。

五、自我实现需求与个性化教育

自我实现需求是马斯洛需求层次理论的最高层次，也是人们在满足了前四个层次的需求之后追求的一种更高层次的需求。在教育领域，这种需求表现为学生渴望实现自己的潜能和价值，追求自我完善和发展。个性化教育是实现学生自我实现需求的重要途径。班主任应充分了解每个学生的兴趣爱好、特长和潜能，为学生争取更多的个性化的教育资源，创设不同的班本课程、实践活动等。同时，采用多样化的教育和教学方法，满足学生自我实现的需要。

综上所述，马斯洛需求层次理论为我们理解学生的需求和教育实践提供了重要的启示。在教育实践中，我们应关注学生的生理、安全、归属和爱的需求，为他们提供安全、健康、和谐的学习环境；同时注重尊重学生的需求和激励机制的完善，激发学生的学习动力和自信心；最后，通过个性化教育满足学生的自我实现需求，帮助他们实现自己的潜能和价值。

基于弗洛伊德潜意识理论视角的教育反思

人的内在动力与深层心理结构对教育效果有着巨大且深远的影响。弗洛伊德的潜意识理论为我们打开了一扇探索人类心理深层的窗户，使我们能够更深入地理解人的本质与教育之间的关系。

一、弗洛伊德潜意识理论概述

弗洛伊德认为，人的心理结构由"本我""自我"和"超我"三个部分组成。其中，"本我"即潜意识，是心理活动的深层结构，受追求快感原则的支配，包含了个体原始的冲动和欲望；"自我"即前意识，是现实化的本能，是意识的人格化，遵循现实原则，起到调节"本我"与"超我"之间矛盾的作用；"超我"即意识，是道德化的自我，代表了个体的理想和价值观。

在弗洛伊德看来，潜意识是个体心理活动的核心，它虽然不为个体所直接觉察，但却对个体的言语、情感和行为产生深远的影响。潜意识中的原始冲动和欲望，由于为道德、现实和社会文明所不容，被压抑到潜意识领域中且得不到满足。然而，这些被压抑的欲望并不会消失，而是不断地寻找出路，试图进入意识之中去寻求满足。这种潜意识的矛盾冲突，正是各种心理问题的根源。

二、潜意识理论对教育的启示

（一）重视学生的内在需求与动机

弗洛伊德的潜意识理论告诉我们，人的根本追求是爱和幸福，根本需求是归属感和价值感。在教育实践中，我们应该关注学生的内在需求与动机，尊重学生的个性差异，激发学生的内在动力。只有当学生感受到被尊重、被关爱时，他们才会产生强烈的归属感和价值感，从而更加积极地投入学习中去。

（二）培养学生的自由意志与内在动机

弗洛伊德认为，人的根本动力是自由意志和内在动机。在教育过程中，我们应该注重培养学生的自由意志和内在动机，让学生成为自己学习的主人。这意味着我们要尊重学生的选择权，给予学生充分的自主权，让学生在自主选择、自主探究的过程中实现自我发展和自我完善。

（三）关注学生的心理健康与成长

弗洛伊德的潜意识理论揭示了心理问题产生的根源，即潜意识的矛盾冲突。在教育实践中，我们应该关注学生的心理健康与成长，及时发现和解决学生的心理问题。我们可以通过开展心理健康教育、建立心理辅导机制等方式，帮助学生认识自己的内心世界，学会调节自己的情绪和行为，提高自我认知和自我调节能力。

三、基于潜意识理论的教育实践探索

（一）创设宽松自由的学习环境，鼓励终身学习

为了培养学生的自由意志和内在动机，我们应该创设一个宽松自由的学习环境。在这个环境中，学生可以自由地表达自己的观点和想法，不受外界压力的干扰和束缚。同时，教师应该给予学生充分的支持和鼓励，让学生感受到自己的价值和被尊重，鼓励学生树立终身学习的观念，培养学生的自主研究能力。

（二）实施个性化教育

弗洛伊德的理论强调了个体差异。每个学生的内在需求和动机都是不同的，因此我们应该实施个性化教育。个性化教育要求我们根据学生的个性差异和兴趣爱好制定个性化的教育方案，让学生在自己感兴趣的领域得到更深入的学习和发展机会。同时，个性化教育也要求我们关注学生的心理健康和成长，及时发现和解决学生的心理问题。

（三）关注学生的心理发展阶段

弗洛伊德提出了心理发展阶段的理论，认为个体的心理发展是一个持续的过程。同时，弗洛伊德也认为，人的心理健康与自我认知和自尊心有着密切的关系。因此，在教育实践中，应更多关注学生的心理发展阶段及表现，及时发现学生的心理需求并提供必要的心理辅导和帮助，帮助学生解决内心冲突，从而提高心理健康水平。同时，还应根据不同年龄段学生的心理特点来设计教学方法和课程内容。这有助于更好地满足学生的需求，提高教育效果。

（四）加强家校合作

家庭是学生成长的重要场所，父母是孩子的第一任老师，家庭环境对学生的心理健康和成长具有重要影响。因此，我们应该加强家校合作，共同关注学生的心理健康和成长。家长应该积极参与孩子的教育过程，了解孩子的内心需求和问题，与教师共同制定教育方案。同时，学校也应该加强与家长的沟通和联系，及时反馈学生的学习和成长情况。

弗洛伊德的潜意识理论为我们提供了理解人类心理深层的独特视角，也为教育实践提供了新的启示。在教育实践中，我们应该关注学生的内在需求与动机、培养学生的自由意志与内在动机、关注学生的心理健康与成长。同时，我们也需要不断探索和实践基于潜意识理论的教育方法和策略，为学生的全面发展提供有力的支持。只有这样，我们才能真正实现教育的本质——启迪智慧、塑造未来。

如何看待"人",如何做教育

蔡元培先生说:"要有良好的社会,必先有良好的个人,要有良好的个人,就要先有良好的教育。"曼德拉说:"教育是最强大的武器,你可以用它来改变世界"。从蔡元培的深刻见解到曼德拉的振聋发聩之言,我们不难发现,教育不仅关乎个人的成长与发展,更与社会、国家的未来紧密相连。作为一名教师,深刻地理解教育,才能更好地完成教育使命。

一、教育是生命的形而上学

有人说:教育是生命的形而上学。这一观点强调了教育对于生命本体的关注与塑造。形而上学,作为哲学的一个分支,探讨的是关于存在、本质、真理等超越经验层面的问题。而"生命的形而上学",则是指对于生命本质、意义和价值的深入探讨与追求。

在教育领域,我们不仅要关注学生知识和技能的学习,更要关注他们的生命成长和内心世界的发展。教育应该是一种全面的、深入的、个性化的过程,旨在帮助学生发现自我、认识自我、实现自我。通过教育,我们可以引导学生思考生命的意义和价值,激发他们的创造力和创新精神,让他们成为具有独立思考能力和社会责任感的人。

教育的本质,是对于生命的启迪和塑造。它不仅仅是知识的传授,更是对于人格、品质、价值观的塑造与培养。蔡元培先生所言"要有良好的社会,必先有良好的个人,要有良好的个人,就要先有良好的教育",深刻揭示了教育与个人、社会之间的紧密联系。教育的意义,不仅在于帮助个体实现自我提升和成长,更在于推动社会的进步和发展。

教育的目的,是引导学生全面发展和培养学生终身学习的能力。这包括知识、技能、情感态度和价值观等多个方面。知识是教育的基础,但仅仅拥有知识是远远不够的。我们还需要培养学生的实践能力和创新精神，让他们能够在未来不断变化的社会中立足。同时，教育还需要关注学生的情感态度和价值观的培养，帮助他们成为有道德、有信仰、有担当的人。

教育的过程，是一个生命不断觉醒、不断成长的过程。它要求教育者以爱心和耐心，去唤醒每一个学生的内在潜能，激发他们的学习兴趣和动力。同时，教育也是一个引导、规划甚至改造人生的过程。通过科学的教育方法和手段，我们可以帮助学生树立正确的人生观、价值观，培养他们成为具有社会责任感、创新精神和实践能力的新时代人才。

二、人的根本追求：爱和幸福，归属感和价值感

爱是人类情感的核心，是人类社会得以维系和发展的基础。而幸福则是人类追求的终极目标，是每个人都渴望拥有的状态。在探讨教育的目的和价值意义时，我们不能忽视人的根本追求——爱和幸福。

教育的价值，不仅在于培养具有高素质的人才，更在于推动社会的进步和发展。一个拥有良好教育的社会，必然是一个充满活力和创新精神的社会。在这样的社会中，人们才能够充分发挥自己的才能和潜力，更好地实现爱和幸福的人生追求，同时也推动社会的繁荣和发展。

因此，我们应该多关注学生学习生涯中的情感体验和幸福感。"幸福的童年可以治愈一生"，幸福的学生时代更能帮助学生追寻一生的幸福。首先，我们要营造一个充满爱的教育环境，让学生感受到来自老师和同学的关爱和支持。其次，我们要关注学生的心理健康和情感需求，帮助他们建立健康的人格和情感观。最后，我们要引导学生树立正确的价值观和人生观，让他们明白真正的幸福来自内心的满足和对他人的关爱。

除了爱和幸福之外，人还有另外两个根本需求：归属感和价值感。归属感是指个体对某个群体或组织的认同感和依赖感；价值感则是指个体对自己的评价和对社会的贡献感。在教育工作中，我们要关注学生的归属感和价值感的培养。首先，我们要营造一个和谐、包容、尊重的教育环境，让学生感受到自己是班级、学校、社会的一分子，从而产生强烈的归属感。其次，我们要关注学生的特长和兴趣爱

好的培养，让他们在自己擅长的领域得到认可和鼓励，从而增强自我价值感。最后，我们要引导学生关注社会、关注他人，培养他们的社会责任感和奉献精神，让他们明白自己的价值不仅体现在个人成就上，更体现在对社会的贡献上。

三、追寻教育的意义

当我们进一步挖掘教育的价值和意义时，会发现它远超出传授知识和技能的范畴，深入到个人、社会乃至人类文明的核心。教育，作为一种社会活动，自古以来就承载着培养人、塑造人、引导人的重要使命。"教育是生命的形而上学"，更为我们深入理解教育的本质和价值提供了新的视角。

（一）从个人的视角看教育

自我实现与成长：教育是一个自我发现和实现的过程。通过教育，个体可以认识到自己的兴趣、优势和潜能，从而找到适合自己的发展道路，实现自我价值。教育不仅仅是知识的灌输，更是对个人潜能的挖掘和激发。

批判性思维与独立精神：教育培养人的独立思考能力和批判性思维，使人能够在复杂多变的信息环境中保持清醒的头脑，做出明智的决策。这种独立思考和批判性思维是现代社会中个人生存和发展的重要能力。

情感与道德发展：教育不仅关注知识技能的传授，更重视人的情感与道德发展。通过教育，我们可以学会尊重他人、关心社会、关爱生命，培养自己的道德情操和社会责任感。

（二）从社会功能看教育

社会进步与文明传承：教育是社会进步和文明传承的重要媒介。通过教育，我们可以将人类优秀的文化遗产和科技成果传递给下一代，推动社会的不断发展和进步。同时，教育也可以培养出一批批具有创新精神和实践能力的人才，为社会的发展注入新的活力。

社会公正与和谐：教育是实现社会公正与和谐的重要手段。通过普及教育、提高教育质量、缩小教育差距等方式，我们可以让更多人享受到优质的教育资源，减少社会不平等现象的发生。同时，教育也可以培养人的宽容、理解和合作精神，促进社会的和谐与稳定。

塑造未来社会：教育具有塑造未来社会的力量。通过教育，我们可以培养出一批批具有高尚品德、创新精神和全球视野的杰出人才，为未来的社会发展奠定坚实的基础。这些人才将成为未来社会的中坚力量，推动社会向着更加文明、和谐、繁荣的方向发展。

四、教育的挑战与未来

教育不是万能的，但没有教育却是万万不能的。尽管教育在推动个人成长和社会进步方面发挥着重要作用，但我们也必须清醒地认识到，教育面临着诸多挑战和困难。首先，教育资源的不均衡分配是一个亟待解决的问题。在一些地区，教育资源相对匮乏，导致教育质量无法得到有效保障。其次，相当一部分学校、老师和家长的教育理念与教育技能亟待提升。应试教育的倾向仍然较为严重，过分追求分数和升学率，忽视学生全面素质的培养等现象依然存在。此外，人工智能、信息技术的发展，使传统教育模式面临着巨大的冲击和挑战，也对学校教育提出了新要求，带来了新挑战。学生手机管理、AI技术在教育教学中的应用等，成为教育的新课题。

教育，是一个充满挑战和机遇的领域。

从哲人的视角看教育：思维、生活与生命的融合

从古至今，无数哲人、教育家都在探索如何更好地进行教育，以培养能够适应时代变迁、具备创新思维和解决问题能力的人才。哲人名家看教育的视角及对教育的思考，可以引领我们更好地认识教育的过去、现在和未来。

首先，我们必须认识到，以传统的、过时的方式去教育今日的孩子，是对他们未来的剥夺。杜威的警告如同晨钟暮鼓，提醒我们教育需要与时俱进。在这个知识更新迅速的时代，我们不能仅仅满足于传授既定的知识，更要注重培养孩子的自主学习能力和创新思维。叔本华的名言也在此刻回响："世界上最大的牢笼，是自身的思维。"打破思维的囚笼，培养孩子的多元化、批判性思维，是现代教育的重要任务。

未来学家丹尼尔·平克提出，未来属于那些拥有与众不同思维的人。他强调的六大思维能力（设计感、娱乐感、意义感、故事力、交响力、共情力）为我们指明了培养方向。这些能力不仅关乎个体的创新和发展，更是决定了一个人在未来社会中的竞争力。因此，现代教育必须注重这些非传统能力的培养，让孩子在掌握基础知识的同时，也能发展出独特的思维方式和解决问题的能力。

同时，我们不能忽视每个孩子的独特性。爱因斯坦曾言："每个人都是天才，但如果你以爬树能力作为标准来评价一条鱼，那它这辈子都会觉得自己很愚笨。"这句话深刻揭示了个性化教育的重要性。每个孩子都有自己的天赋和兴趣，教育应该尊重这种多样性，提供个性化的教学方案，让孩子在自己擅长的领域得到更好的发展。

蒙台梭利的教育理念也给我们带来了启示。她强调实践经验的重要性："我听到了，我忘记了；我看到了，我记住了；我做过了，我理解了。"这告诉我们，让孩子通过亲身实践来学习和探索，比单纯的课堂讲授更能加深他们的理解和记

忆。因此，现代教育应该注重实践教学，提供更多的实验、实践活动，让孩子在实践中学习，在学习中实践。

此外，教师的期望和态度对学生的影响也是不可忽视的。罗森塔尔实验表明，如果教师对学生寄予很大的热情和希望，他们的成绩就会明显高于其他学生。这说明了教师期望效应的存在。因此，教师应该以积极、热情的态度对待每一个学生，相信他们的潜力和能力，给予他们足够的支持和鼓励。

最为国人熟知的陶行知的生活教育理论，为我们提供了一种全新的教育视角。他认为生活即教育、社会即学校、教学做合一。这一理论强调了教育与生活的紧密联系，以及教育在改造社会中的重要作用。在现代教育中，我们应该将课堂知识与实际生活相结合，让孩子在学习中感受生活的意义和价值，同时也通过生活实践来巩固和拓展课堂知识。

最后，我们必须回归到教育的本质上来。顾明远提出教育的本质是生命教育，其目标是提高生命的质量和价值。这一观点深刻揭示了教育的终极目的：不仅是为了传授知识，更是为了培养有品质、有责任感、有创造力的生命个体。立德树人作为教育的根本任务，也强调了品德教育的重要性。在传授知识的同时，我们更要注重孩子的品德培养，帮助他们树立正确的人生观和价值观。

综上所述，现代教育应该是一个多元化、个性化、实践化和生活化的过程。我们需要打破传统思维的束缚，注重培养孩子的创新思维和解决问题的能力；尊重每个孩子的独特性，提供个性化的教学方案；注重实践教学和生活教育的融合，让孩子在实践中学习和探索；同时也不忘品德教育的重要性，帮助孩子成为有品质、有责任感、有创造力的生命个体。只有这样，我们才能真正培养出适应未来社会的人才，为他们的明天奠定坚实的基础。

教育的温暖与未尽之美

教育是温暖的彼此成全，它不仅仅是知识的传递，更是师生之间、同学之间心灵的触碰和成全。而学校，这个承载教育使命的圣地，理应成为我们理想中的最美家园。

教育的本质，归根结底，是教会人思考。思考是人类智慧的火花，是创新与进步的源泉。教育不仅仅是灌输知识，更重要的是培养学生的自主发展内驱力和行动力。一个好的教育环境，应当以学生为中心，尊重他们的个性和兴趣，给予他们更多的自由和选择权。而非用一成不变、刻板的标准去评价每一个学生，因为每个学生都是独一无二的个体，他们有着不同的潜能和才华。

在这个过程中，同理心和责任感的培养显得尤为重要。教育不仅仅是为了竞争和比较，更是为了培养有情怀、有担当的人才。我们应当鼓励学生去关注他人，去理解不同的文化，去承担应有的社会责任。这样培养出来的人才，不仅能够在学术上有所建树，更能在人格上达到完善。

教育永远是一场未尽之美，它永远在路上，需要我们不断探索和创新。我们不能习惯于打补丁式的教育，因为无论怎么打，都会遇到新的"漏洞"。只有目标明确，掌握系统建构的主导权，才能实现真正的教育。让每一个学生都能在教育的阳光下茁壮成长。

同时，教育需要相信时间的力量，要追求长期效益。它不是一蹴而就的，而是需要长期的耕耘和积累。教育也需要相信"相信"的力量，相信每一个学生都有无限的潜能，只要给予他们足够的支持和引导，他们就能创造出惊人的成就。在这个过程中，"慈悲"和"爱"的力量是不可或缺的。它们能够温暖学生的心灵，激发他们的学习热情，让他们在教育的道路上走得更远、更稳。

当我们谈论教育高质量发展时，必须明确一点：这不仅仅是针对少数学生的高水平发展，而是面向全体学生的。每一个学生都应该有机会接受优质的教育资源，实现自身的全面发展。而教育的高质量，也应该是以优质均衡为基础，以各具特色的多样化发展为标志的。我们不能仅仅追求升学率和学业成绩的提升，更应该关注学生的全面发展，为他们的未来奠定坚实的基础。

为了实现这一目标，教育创新显得尤为重要。真正的教育创新需要跳出习以为常的舒适圈，结合传统与现代的教育理念和方法进行生发。它并不排斥升学考试和学业成绩的提升，但更注重学生的综合素质和能力的培养。教育创新不需要疾风骤雨般的变革，但需要坚定方向、小步快走、循序渐进地推进。通过"微创新+大设计"的方式，我们可以逐步改善教育环境，提升教育质量。

此外，我们不能忽视技术在教育变革中的重要作用。虽然技术本身并不等于教育的变革，但教育的变革往往伴随着新技术的融入。先进的技术装备可以为学校提供更加丰富的教学手段和资源，从而提升教学效果和学习体验。当然，我们也要明确一点：技术装备并不等于智慧教育，但智慧教育的落地往往离不开技术装备的加持。

总之，教育是温暖的彼此成全，是理想的最美家园。我们需要深入理解教育的本质，关注学生的全面发展，推动教育的创新和技术融入。只有这样，我们才能实现教育的未尽之美，让每一个学生都能在教育的阳光下自由生长、全面发展。

重塑教育观：超越误区，追求教育的真谛

近代文明以来，教育都被视为国家发展的基石和个人成长的必由之路。然而，在教育的具体实践中，我们不难发现，无论是社会还是学校，都存在着一些教育的误区。这些误区不仅束缚了教育的创新与发展，更可能对学生的全面成长造成不利影响。因此，我们有必要重新审视这些误区，探寻教育的真谛。

一、误区解析：成绩与升学率并非教育的全部

当前，很多人将提高办学质量简单地等同于提高考试成绩和升学率。这种观念导致了"应试教育"的盛行，使得学生、老师和学校都陷入了对分数的过度追求中。然而，教育的目标远不止此。教育应该是培养全面发展的学生，包括知识技能、情感态度、价值观念等多个方面。仅仅关注分数和升学率，无疑忽视了学生的个性化需求和多元化发展。

同样地，将德育工作简化为管好学生的纪律作风和安全，也是一种片面的认识。德育工作的核心在于培养学生的道德品质、责任意识和社会责任感。这需要通过丰富的教育活动和实践来引导学生形成正确的价值观和人生观，而非仅仅停留在表面的纪律管理上。

在教师队伍的建设上，也存在类似的误区。很多人认为，拥有高学历、高职称、高荣誉的教师就是优秀的教师。然而，教师的优秀并不仅仅体现在这些硬性指标上，更重要的是他们的教育理念、教学方法和对学生的关爱。一个真正优秀的教师，应该能够激发学生的学习兴趣，引导他们主动探索和学习。

此外，在培养拔尖创新人才方面，也存在将学习成绩和比赛得奖作为唯一标准的误区。这种观念忽略了创新人才的多元性和复杂性。拔尖创新人才不仅仅需要在学习成绩上表现出色，更需要具备创新思维、实践能力和团队协作精神等多方面的素质。

最后，教育内卷化也是一个值得关注的问题。在应试教育的背景下，学生和家长都陷入了对分数的过度追求中，导致了教育资源的不合理分配和学生的过度竞争。这种现象不仅加剧了教育的不平等性，还可能对学生的身心健康造成不良影响。

二、教育与生活的融通：追求更广阔的教育视野

为了走出这些误区，我们需要重新审视教育的本质和目标。教育应该与生活融通一体，关注学生的全面发展和个性化需求。当教育与生活紧密相连时，我们就不会再把学生的成长窄化为一场考试的成功，而是更加注重他们的综合素质和未来发展潜力。

同样地，当教育与生活相融时，我们也不会把教师的成长局限在课堂教学的方格里。教师应该成为学生学习与成长的引导者和伙伴，而不仅仅是知识的传授者。他们需要不断更新教育理念、改进教学方法，以适应学生多样化的学习需求和时代发展的要求。

对于学校而言，追求升学率的提升也不再是唯一的发展目标。学校应该成为学生学习、生活和成长的乐园，为他们提供丰富多彩的教育资源和活动平台。通过开展各种课外活动、社会实践和志愿服务等，培养学生的社会责任感、创新精神和团队协作能力。

适应未来——找到洞察学生的新视角

达尔文曾说:"能生存的不是最强的,也不是最聪明的,而是最能适应变化的。"这句话为我们提供了一个全新的视角来审视教育和学生。教育不仅仅是传授知识,更重要的是培养学生的适应能力,以便他们能在未来的社会中立足。

当今社会,知识更新的速度令人惊叹。有学者提出,1900年时,1000本书便能容纳所有的数学知识,而如今却需要10万本。1992年,一个硬盘便能装下人类每天产生的100GB数据,而现在,每天产生的数据高达163亿GB。面对这样的信息激增,我们需要重新审视教育的目标和方法。

教育的核心应该是培养能够适应未来社会的人才。那么,如何培养这样的人才呢?从美国对学生评价的八个维度中,我们可以找到答案。

分析和创造性思维可以提高学生独立思考和解决问题的能力。在面对未知的挑战时,学生需要具备独立思考的能力,能够从多个角度分析问题,并提出创新性的解决方案。教育应该鼓励学生勇于尝试,不拘泥于传统的思维模式,培养他们的创新思维。

复杂沟通能力,无论是口头交流还是书面表达都是学生未来职业生涯中不可或缺的技能。有效的沟通能帮助学生更好地理解他人,也能让他人更好地理解自己。在教育过程中,我们应该注重培养学生的表达能力,让他们能够清晰、准确地传达自己的观点。

领导力和团队合作能力也是现代社会所必需的。一个优秀的领导者不仅要能指引团队前进,还要懂得如何与团队成员有效合作。教育应该提供足够的机会,让学生在团队项目中锻炼自己的领导力和团队协作能力。

信息技术和数理能力在当今数字化的世界中显得尤为重要。从大数据分析到人工智能，这些领域都需要学生具备扎实的信息技术和数理基础。教育应该与时俱进，将这些现代技能纳入课程体系，帮助学生更好地适应未来的职场环境。

全球视野也是不可或缺的一环。随着全球化的加速，学生需要具备跨文化交流的能力，了解不同文化背景下的价值观和行为方式。教育应该鼓励学生拓宽视野，接触并理解多元文化。

高适应性、主动探索、承担风险的能力，是学生在未来社会中立足的关键。面对不断变化的环境，学生需要有足够的适应能力和勇气去探索未知领域，敢于承担风险。教育应该培养学生的冒险精神，让他们在探索中成长。

品德和理性兼顾的决策能力，是学生在面对道德困境时能够做出明智选择的基础。教育不仅要传授知识，更要注重品德教育，引导学生形成正确的价值观和道德观。

良好的思维习惯是学生在学习和工作中持续进步的重要保障。教育应该帮助学生养成批判性思维、逻辑思维等良好的思维习惯，以便他们能够更好地分析和解决问题。

综上所述，面对不断变化的世界，我们需要重新审视教育的目标和方法。教育不仅要传授知识，更要注重培养学生的适应能力、创新思维、沟通能力、领导力、团队合作能力、信息技术、数理能力、全球视野以及良好的品德和思维习惯。只有这样，我们才能培养出真正能够适应未来社会的人才。

此外，我们还需要关注学生的心理健康。在快速变化的社会环境中，学生可能会面临更多的压力和挑战。教育应该提供一个安全、支持性的环境，帮助学生建立自信，学会应对压力的方法，并培养他们的心理韧性。

同时，我们也应该鼓励学生关注社会问题，培养他们的社会责任感。通过参与社区服务、环保活动等公益事业，学生可以更好地理解社会现象和问题，并学会如何为社会作出贡献。

在未来的教育中，我们需要更加注重实践性和创新性。通过项目式学习、实验室实践、实习等方式，让学生将所学知识应用于实际问题中，培养他们的实践能力和创新思维。通过培养学生的综合能力、关注他们的心理健康、鼓励他们参与社会公益事业以及注重实践性和创新性等方式，为他们的未来奠定坚实的基础。

　　这样，我们才能培养出既具备扎实知识又具备适应能力的人才，当学生走出校园时，他们将具备更强的竞争力，更好地适应未来社会的需求。

信息时代下的德育新思考

随着信息时代的来临,我们的生活、学习和工作环境都在经历前所未有的变革。对于学生而言,这种变化既带来了前所未有的机遇,也带来了诸多挑战。

当代学生接触到的信息比以往任何时候都要丰富和复杂,知识更新的速度极快,信息的来源也极为丰富。然而,这也带来了一个问题:学生如果只是随机接触信息,可能终其一生都接触不到有用的核心信息。因此,我们需要教会学生如何筛选和整合信息,如何从海量的信息中提炼出有价值的知识。这不仅需要提高学生的信息素养,更需要培养他们的批判性思维、结构化思维和创新性思维。

另外,当代学生的一些"怪现象"也值得我们深思:比如有些学生成绩很好但能力很差,成绩很好但身体很差,成绩很好但人缘很差,成绩很好但品德很差等。这反映了我们当前教育体制中某些方面的失衡:我们是否过于强调学习成绩,而忽视了对学生全面素质的培养?

同时,信息时代学生的现状也呈现出一些新的特点。比如,物质生活的过度满足和个人价值感的缺失,使学生陷入"浅舒适区"——追求即时的快乐和满足,却忽视了内心的空虚和迷茫。又比如,学生处于信息多元、物质多元、价值观多元的复杂世界中,缺乏批判性思维、结构化思维和创新性思维,很容易陷入信息茧房而无法自拔,难以接触到多元化的信息和观点。这些现状都对我们的德育工作提出了新的挑战。

面对这些挑战,我们需要从多个方面入手来加强德育教育。首先,要帮助学生重塑正确的价值观,追寻更深层次的满足感和价值感。在信息时代,价值观的多元性使得学生很容易受到各种思潮的影响。因此,我们需要通过德育课程、主题活动等方式,帮助学生明确自己的价值观,培养他们的道德判断力和自我约束能力。比如通过参与社会活动、志愿服务等,来实现自我价值。

其次，信息时代的学习已经不再局限于传统的课堂教学，学生需要较高的数智技能，才能打破信息茧房应对各种挑战。这需要我们教育者引导学生学会独立思考和判断，帮助学生学会自己设定学习目标、选择学习路径与方法，并能自我评估学习成果。这样，他们才能在海量的信息中找到适合自己的学习资源，不断提高自己的综合素质。

再者，学习时间与学习成绩的关系并非简单的正比关系。过度的学习时间以及信息时代的压力和挑战，反而可能导致学生的厌学情绪和身心健康问题，如焦虑、抑郁等。因此，我们需要通过心理健康教育、心理咨询等方式，帮助学生建立良好的心理素质，增强他们的心理韧性。我们应该更加注重学生的学习效率和身心健康，而不是单纯地追求学习时间的长短。

面对这些问题和挑战，我们教育者需要重新审视教育方式和目标。首先，我们要明确一点：上学不等于学习，授课不等于教育，考试不等于评价，毕业不等于完成学习。真正的教育应该是全面的、终身的，而不仅仅是学校教育。

我们需要培养学生的自主学习能力。这意味着他们需要学会自己设定学习目标、选择学习路径与方法并能自我评估学习成果。我们要加强与家长的沟通和合作。家长是学生的第一任教育者，他们的言传身教对学生的成长具有重要影响。家庭的教育观念、教育目标如果不能和学校达成统一，会对学生造成很大的困扰，也会使学校的育人效果大打折扣。家校合力，学生才能在未来的学习和工作中不断进步和创新。

我们还要注重学生的德育教育。卡耐基曾说："任何人，无论做错什么事，无论错误多严重，在绝大多数情况下，都不会自责，更不会轻易接受批评。"这说明我们在进行德育教育时，不能仅仅依靠外部的批评和惩罚，更要引导学生学会自我反思和自我改进。我们要帮助他们树立正确的价值观和人生观，培养他们的责任感和社会公德心。我们还要关注学生的心理健康和人际交往能力。在信息时代，人与人之间的沟通和合作显得尤为重要。我们要帮助学生学会如何与他人建立良好的关系，如何处理人际冲突，如何保持积极的心态和情绪。

此外，在实施德育教育的过程中，我们还需要注意到一些重要的原则。首先，我们要尊重学生的个性差异。每个学生都是独一无二的个体，他们有着不同的兴趣、爱好和特长。因此，我们在进行德育教育时，要充分考虑学生的个性差异，因材施教，让每个学生都能得到适合自己的发展。

其次，我们要注重实践性和体验性。德育不仅仅是传授知识，讲大道理，更重要的是让学生通过实践和体验来感悟道德的力量和价值。因此，我们需要设计丰富多彩的实践活动和体验课程，让学生在亲身参与中感受到德育的魅力。

信息时代给德育带来了新的挑战和机遇。作为德育工作者，我们需要紧跟时代的步伐，不断更新德育理念和方法，为学生的全面发展奠定坚实的基础。我们相信，通过加强价值观引导、培养自主学习能力、关注心理健康、加强与家长的沟通和合作等方式，能够培养出既具备扎实知识又具备高尚品德的人才，为社会的进步和发展作出贡献。

追求"幸福"的教育

教育是培养人、成就人的事业。对个人而言，接受教育的终极目标是培养人感受人生幸福、创造幸福生活的能力。因此，教育的核心不仅仅是传授知识，更重要的是引导学生形成健全的人格，培养他们自尊自信、理性平和、积极向上的心态，以及感受和创造幸福的能力。

一、心理健康、人格健全：幸福人生的基石

心理健康、人格健全是个体发展的基础，是教育最基础的目标之一。一个学生如果心理不健康，那么无论他掌握了多少知识，都难以在社会中真正立足。因此，它关系到学生的学习、生活和未来的职业发展。一个心理健康的学生，能够积极应对挑战，保持平和的心态，从而更好地适应社会。然而，在当前的教育环境中，我们是否足够重视学生的心理健康呢？

传统的教育观念往往侧重于知识的传授和技能的训练，而忽视了学生的内心世界。这种倾向必须得到纠正。我们要关注学生的心理健康，帮助他们建立自尊自信、理性平和、积极向上的心态。为此，我们需要将心理健康教育纳入学校课程体系和班级教育计划，通过专门的课程和活动，引导学生认识自我、接纳自我，让学生学会调节情绪，培养健康的心理品质。同时，我们也要教会学生承认和接受自己的平凡和不完美，因为这是成长的必经之路。

二、感受幸福、创造幸福：教育的终极目标

幸福是每个人追求的目标，也是教育的终极目标。然而，在现实生活中，许多学生却感到迷茫和不幸福。这让我们不得不反思：我们的教育是否真正关注了学生的幸福感？

幸福是一种主观的感受，它不仅仅是物质的满足，更多的是精神的富足和内心的平静。幸福源于内心的满足和对生活的热爱。幸福感是学生成长的重要动力。

一个幸福的学生，会对生活充满热情和期待，更容易形成积极向上的人生态度。幸福不仅仅是一种感受，更是一种能力。幸福的童年可以治愈一生，这说明了幸福感在个体成长中的关键作用。青少年学习生涯的幸福体验也是他们未来幸福人生的重要组成部分。

因此，教育者需要努力营造积极向上的学习氛围，让学生在学习中找到乐趣，从而培养他们的幸福感。要注重培养学生感受幸福的能力，从学生的兴趣出发，激发他们的学习热情，让他们在探索知识的过程中感受到成就感和快乐。同时，我们还要关注学生的情感需求，帮助他们建立良好的人际关系，培养他们的同理心和感恩之心，从而让他们学会珍惜和感恩生活中的美好。

三、亦学亦师、幸福前行：追求"幸福"的教育

要给学生一滴水，老师就要有一桶水。要培养学生心理健康、人格健全，懂得感受幸福、创造幸福，我们教育者自身的心理素质也至关重要。一个内心强大的老师，能够更好地理解和接纳学生，给予他们恰当的教育引导。正如萨提亚所说："当我内心足够强大，你指责我，我感受到你的受伤；你讨好我，我看到你需要认可……"一个内心强大的老师，能够透过学生的行为看到他们内心的需求，从而提供更有针对性的帮助。我们还要修炼自身感受幸福、欣赏幸福、创造幸福的能力。对学生来讲，"你（老师）快乐所以我快乐"绝不是一句空话，一个常常愁苦郁闷的老师，很难培养出阳光幸福的孩子。

要培养学生健全的人格和幸福感，我们需要从教育内容和方法上进行改革。一是要关注学生的兴趣和爱好，让他们在自己喜欢的领域中得到发展和提升，从而感受到学习的乐趣和成就感。二是要注重学生的情感教育，培养他们的同理心和感恩之心，让他们学会珍惜和感恩身边的人和事。三是要创造积极向上的教育环境，鼓励学生之间的合作与交流，形成互帮互助、共同进步的良好氛围。

当我们拉长时间的维度，从人的一生来看，"扬长"比"补短"或者说个性发展比全面发展更容易让人获得幸福感和成就感。

每个学生都是独一无二的，他们有自己的兴趣、特长和潜力。人在追求自己热爱的事物时，会更加投入和享受。致力于让学生全面而有个性地发展，让每个

学生都能在适合自己的领域里绽放光彩，这样才能更容易帮助学生收获幸福的人生。这需要我们善于发现并放大这些优点，让学生在自己擅长的领域里获得成就感和幸福感。

　　面对未来，我们坚信：只有心理健康、幸福感强的学生，才能更好地应对生活的挑战，实现自己的人生价值。教育的最终目的是帮助学生成为更好的自己，而不仅仅是取得高分或进入名校。我们需要更多地关注学生的内心世界，帮助他们找寻内心的富足与宁静，从而实现幸福的人生。

"家长学校"建设的一点思考

2018年5月7日至11日,我有幸参加了由教育局组织的市直属学校家庭教育管理人员培训,系统听取了专家专题讲座(《让家长成为学校坚强的同盟军》《我的职业教育那些事》《以课程建设构建家庭教育生态》)和进行了实地跟岗考察等,颇有感触和收获,也引发了个人工作的一些思考。

一、家庭教育工作重心在学校

家庭教育工作,对提升全社会的教育理念、教育价值观至关重要,家长对教育的理解、对人才培养的目标,在一定程度上影响着全社会教育发展的进程。学校作为专业的教育机构,有责任、有能力开办家长学校,在推动和落实家庭教育工作方面做出有效的工作。在这方面山东潍坊走在了前列。

二、学校家庭教育工作的主要途径——家长学校

(一)家长学校与家长委员会

家长学校与家长委员会从职能到组织构架都有着本质的区别:家长委员会是联系家长与学校的组织,其主要起着沟通的桥梁作用,家长委员会对学校的教育教学工作的落实起着监督、反馈的作用,在重大学校决策方面,学校应听取家长委员会的建议和意见。

家长学校是引领和帮助家长树立正确的教育价值观和教育方式方法的平台,通过营造良好的家庭教育氛围,使孩子在家庭中得到更好的教育和提升。

(二)家长学校的三个工作目标

家长学校的办学目标之一:引领和帮助家长树立正确的教育价值观。通过家长学校的系列化课程,使广大家长明确党的教育方针,了解国家的有关法律、法规及政策;认识家庭教育的意义、作用,增强家庭教育的使命感和责任意识;了解社会发展对人才的需求和要求,树立正确的教育理念和人才培养观念。

家长学校的办学目标之二：引领和帮助家长掌握学生成长与发展的规律，学会科学的家庭教育方法，为子女健康成长营造良好的家庭教育环境。通过家长学校的学习，让家长理解并学会用科学的、符合孩子成长规律和特点的方法，提升家庭教育的水平和效果。特别是新的社会环境下学生的目标激励教育、意志品质锻炼、亲子关系的建立等方面得到提升。

家长学校的办学目标之三：引领和帮助家长了解学校教育规律、办学思想和工作规划，在学生的培养教育方向上与学校形成合力，更有效地提升教育的实效。

（三）目前家长学校工作需要破解的难点

家长学校系列化教育课程的开展与实施是家长学校工作开展的难点之一。一方面是受学校教育资源的限制，另一方面受家长群体的基础水平限制，学校在开发家长学校课程方面难度较大。

如何保障家长学校教育教学规划落实是家长学校工作开展的另一个难点。这一问题的关键在于学校家长群体人员构成复杂，受家长本职工作的客观限制，很难保证家长能完全按照既定规划完成相应的学习任务。

三、对未来家长学校工作的初步思考

第一，家长学校工作要作为学校重点工作之一全力推动。

第二，家长学校工作落实的重心应该在年级和班级。加强年级和班级的家庭教育理念学习、工作方法指导及工作落实效果的监督反馈。

第三，以学校德育主管处室为龙头，开发完整、科学的系列化家长学校课程、实施方案、考核与评比制度。

第四，根据学校实际情况，探索制定家长学校工作考核标准，探索优秀家长评选及合格家长持证上岗工作等的制度。

追求理想的教育，成就教育的理想

我们都知道并且坚信：教育的本质，在于塑造孩子的灵魂，激发孩子的潜能，努力为孩子的全面发展、个性发展、终身发展奠定坚实的基础。因此，我们也相信，每位教育者都怀揣着一个共同的梦想：为孩子们塑造一个更加美好的未来。

教育的起点，是思想的启蒙，而思想则是行动的先导。我们所秉持的教育理念，直接影响着教育实践的每一个环节。我们都知道，"思想指导行动，行动形成习惯，习惯养成性格，性格决定命运"。教育思想的高下，关乎孩子们一生的成长轨迹。我们不仅是在教书，更是要育人。因此，我们必须时刻反思并更新自己的教育理念，确保其与时俱进，符合孩子们的成长需求，我们要让正确的思想和价值观成为学生一切行动的先导，进而让良好的行动变成习惯，让习惯内化为性格，从而铺就学生美好的未来。

在这个知识爆炸的时代，学习已经不再是简单的知识积累，更不只是为了考试和成绩，而是为了让孩子们拥有更多选择的自由。书本知识固然重要，但更重要的是培养孩子们感受美好生活的品位和能力。这样的教育才是全面的，才能真正助力孩子们在未来的生活中游刃有余。

高中阶段，是孩子们成长的关键时期。学业成绩，无疑是他们这一阶段的重要成果之一。然而，如果教育仅仅停留在对分数的追求上，那么我们就忽略了教育的真谛。人生不只有考试和作业，还有很多有意义、有趣味的事。我们应该鼓励孩子们在追求学业的同时，也懂得抬头看看外面的世界，学会感受那"诗和远方"。引导学生探索和培养自己的兴趣爱好与特长，让自己的生活和人生更加丰富多彩。

理想的教育，还应该是充满爱与信任的教育。被爱、被信任的感觉，能够成为一个人成长过程中的重要支撑。教育是成就人的事业，需要老师和学生的彼此温暖、互相成就。当孩子们感受到来自老师和同伴的关爱与信任时，他们会更加自信、勇敢地面对生活中的挑战。因此，我们应该努力营造一个充满爱与信任的教育环境，让每一个孩子都能在这里找到属于自己的价值和意义。

当然，最好的教育方法是有教无类、因材施教。每个孩子都是独一无二的个体，他们有着不同的兴趣、特长和需求。作为教育者，我们应该深入了解每一个孩子，尽全力为他们提供最适合的教育方式和内容。只有这样，我们才能真正做到因材施教，让每个孩子都能更加自信、阳光、上进。

成功的体验对于孩子的成长至关重要。一个长期生活在否定、压抑、挫败氛围中的孩子，很难变得阳光、自信、上进。因此，我们应该多给孩子们提供正面的教育和身边的榜样，让他们在成功的体验中不断成长，迈向更大的成功。

学生全面发展、个性发展是我们追求的目标。我更愿把它概括为"平而不庸、和而不同"。我们不希望孩子们成为千篇一律的"标准件"，而是希望他们能够在包容与悦纳中不忧，在融合与超越中不惧，在引领与赋能中不惑。

不忧，即仁者不忧，要学会包容与悦纳。教育要引导孩子们拥有宽广的胸怀，能够接纳不同的观点和文化，从而在多元化的世界中游刃有余。不惧，代表着勇者不惧，要勇于融合与超越。我们要鼓励孩子们勇于尝试新事物，敢于挑战自我，不断突破自己的舒适圈，实现自我超越。不惑，则是智者不惑，需要引领与赋能。教育要赋予孩子们明晰的判断力和独立思考的能力，让他们在纷繁复杂的世界中保持清醒的头脑，做出明智的选择。

"勇以求真、智以成事、仁以成人"，这三者共同构成了我们理想教育的核心。而要实现这一切，离不开教育者的坚持与努力。事实上，很多人的成功，正是在于他们能够很好地坚持自己的信念和目标。作为教育者，我们更需要有这份坚持和毅力，去追寻和实现我们的教育理想。

第二章

班主任能力提升：工作认知与自我修炼

班主任应有的情怀与坚守

教师与学生之间的关系远超过教与学的简单交互。他们实际上是彼此成就、共同成长的伙伴，这是一种精神的契合，也是教育的真谛。当我深入思考教师的情怀与坚守时，我意识到，这不仅关乎教师的专业素养，更关乎其人格魅力和教育情怀。

教师，这一职业，既需要深厚的专业知识，又需要广阔的胸怀和持久的耐心。"每一个决心献身教育的人，都应当容忍儿童的弱点。"这是苏霍姆林斯基对教育者的深情寄语。这是因为每个学生都是独一无二的个体，有其自身的优点和不足，并且，教育的本质就是引导每一个学生发掘其内在的潜力，帮助他们成为更好的自己。

那么，这一过程中，教师本身的角色又是什么呢？我认为，一个优秀的教师，首先应该是一个永远的学习者。因为，教师所引导的，是学生的未来人生，那是一片自己从未经历过的领域。教师如何能够成为学生的引路人？如果他自己都停滞不前，又如何能指引学生勇往直前？因此，教师需要与时俱进，不断地学习和成长，这不仅包括更新专业知识，还包括锤炼课堂教学、提升心理教育水平、修炼德育能力以及增强教育信息化水平。

当然，一个优秀的教师，还应该是一个富有情怀的教育者。这种情怀，源于对教育事业的深深热爱，源于对学生成长的期待和关怀。一个教师，如果没有这种情怀，他的课堂可能会变得枯燥乏味，他的教育可能会失去灵魂。真正的教育家精神，是在认清教育的局限和缺陷，认清人性的弱点后，依然对教育抱有热情和热爱，依然对学生充满期待。

这种情怀和坚守，也体现在教师对教育质量的追求上。无论现实有多艰难，教师都应永葆对教育的情怀和理想，追求做到最好，即使做不到第一，也要争取做到唯一。这种追求并不是盲目的攀比或者竞争，而是对自己职业的尊重和对学生的负责。一个有志气的教师，会努力提升自己的教育水平，用智慧和热情去激发学生的潜力。

当我们谈论教师的情怀与坚守时，我们也不能忽视学校环境对教师的影响。一个优秀的学校，一定有一支优秀的教师队伍。因为教师是学校最重要的教育资源，是学校的核心竞争力。教师的专业水平与素养，直接决定了学校的教育质量。在这个大环境下，虽然单个教师可能无法改变整体的应试环境，但是我们可以改变自己的课堂，通过自己的努力，使课堂变得更加生动有趣，更加符合学生的实际需求。

此外，教师的自我认同度也是一个重要的影响因素。一个高度自我认同的教师，会有更高的工作积极性和热情。而这种自我认同度，又与教师的自主权密切相关。当教师感到自己在工作中有足够的自主权和决策权时，自我认同度就会提高。因此，学校应该尽可能地赋予教师更多的自主权，让老师在工作中能够发挥主观能动性和创新性。

同时，学校也应该通过激发教师的集体荣誉感，来提升他们的工作积极性。当一项工作或任务变成集体的荣誉或目标时，教师就会更加投入地去完成它。这种集体荣誉感，不仅可以提升教师的工作效率，还可以增强团队的凝聚力。

在这一过程中，校长的角色也至关重要。校长是学校的灵魂，其教育价值观会直接影响到整个学校的教育氛围和教师的教学态度。一个坚守社会主义核心价值观的校长，可以引领教师团队坚守教育情怀，提供持久的工作导向和工作标准。

教师的情怀与坚守，是教育事业发展的重要支撑。一个优秀的教师，不仅要有深厚的专业知识和精湛的教学技巧，更要有对教育的深深热爱和对学生的真挚关怀。只有这样，才能在教育的道路上越走越远，影响和培养更多的学生，而这，正是每一位教育者所追求的目标和愿景。

时代在呼唤有爱又有智慧的班主任

2021年3月7日上午,全国政协十三届四次会议第二场"委员通道"开启,全国政协委员、江苏省锡山高级中学校长唐江澎就孩子的全面发展问题,提出"孩子只有分数,赢不了未来的大考"的重要观点。那么,如何才能够培养出全面发展的学生呢?这里面的因素有很多,其中一个重要因素,就是班主任。

著名教育家李镇西先生说:"没有爱就没有教育,这是真理;有了爱,也不等于教育,这也是真理。前者告诉我们,教育的前提条件之一是对孩子的爱;后者提醒我们,教育仅仅靠爱是远远不够的,教育还需要智慧。"

这表明,时代在呼唤有爱又有智慧的班主任。

这就让我联想到我们学校一贯推行的班主任工作满意度调查,调查对象是学生。我们学生处每次拿到班主任工作满意度调查的结果,有小部分班主任会引起我们更多的关注。比如说,初中部一位年轻的班主任,平时兢兢业业,所带班级的班风也是可圈可点的,但学生对这位班主任的满意度远远低于我们的心理预期。当我们把满意度调查的结果跟这位班主任反馈的时候,他个人首先是很意外,接下来就是不理解,最后甚至有点愤愤不平。后来,我们行政在跟他谈心的过程中,发现这位班主任是一个做事非常严肃认真的人,把学校和年级部署的每一项工作都细致落实。但是,他在跟学生沟通交流的时候,容易直来直往,有时甚至对学生的心理造成困扰自己却懵然不知。

我在想,这位班主任难道不爱学生吗?他爱学生,不然也不会如此地尽职尽责。但从结果看,学生似乎在短期内没有真正感受到班主任的爱。这就容易造成"事倍功半"的结果。我想,这就需要教育的智慧来给这位班主任"补补钙"。

教育的智慧来源于哪里?

首先来源于学生。我们只有关注到每一位学生在特殊的年龄阶段的特殊心理诉求，才能够让学生对教育环境产生安全感，进而更容易接受班主任的教导。所以，班主任要留心观察学生的实际情况，包括其内在与外在的微妙变化。

其次来源于书籍。我从大学毕业担任班主任，最先翻阅的就是苏霍姆林斯基的《给教师的建议》和魏书生的《班主任工作漫谈》，这两本书直到今天还在指引着我开展学校德育管理工作。比如说苏霍姆林斯基提到有关阅读的观点："学习困难的学生读书越多，他的思考就越清晰，他的智慧力量就越活跃。"因此，学校近两年德育工作的重要一项，就是推动学生和家长读书。举办各年级的读书分享会，鼓励各班级开展班内读书分享会，让阅读成为课外校园生活的一种方式。同样地，既然学生和家长能够通过读书去增长自身的智慧，班主任队伍同样能够通过读书走出教育的困境。因此，我们学校班主任坚持举行读书分享会，目的是促进班主任队伍的智慧成长。比如我们高中部的一位年轻班主任，在班主任工作前期备受困扰。后来，她有一段时间沉下心来读了有关班主任工作的书籍，带班效果慢慢好转，上学期还作为教师代表在全校教职工大会上分享了读书心得。

最后来源于同行。"独学而无友，则孤陋而寡闻。"如果一个班主任能够善于向优秀的同行学习，他的进步一定是显而易见的。我们学校正在推行校内名班主任工作坊和班主任"青蓝工程"，为青年班主任成长搭建广阔的平台。我们学校初中部就有一位老师，第一次承担初三毕业班的班主任工作，一开始学生和家长都有顾虑，但后来，这位年轻班主任和级长进行师徒结对，一步一个脚印，最后所带班级成为当年中考进步最大的一匹"黑马"，家长和同学都非常感激这位老师。

因此，有爱又有智慧的班主任，一定是学生喜欢、家长放心、同行敬佩的优秀教育人。

品牌班级建设的一点思考

打造品牌班级是提升教育品质的重要抓手。品牌班级是班主任引领班级在长期的建设和发展过程中形成的具有广泛认可度、美誉度和持久生命力的无形资产和文化符号,既是班级发展成果的象征,又是班主任个人教育哲学的代表符号。建设品牌班级需要长期的积累和提炼,一般可以从打造班级特色入手,形成班级品牌,进而提升到品牌班级。

提升教育品质是时代发展对教育提出的更高要求。品牌学校、品牌班级是提升教育品质的重要抓手。品牌班级是高水平的班级教育管理成果的体现,是班主任个人教育哲学的彰显。建设品牌班级应该成为每所学校、每个班级共同的追求。深刻理解品牌班级的内涵和构成要素,厘清品牌班级建设的路径,是建设品牌班级提升教育品质的有力支持。

一、品牌班级的内涵

"品牌"起源于商业概念。是企业具有经济价值的无形资产,是消费者对某类产品系列(包括物资产品、服务或某一方面的竞争优势)的认知与认可程度,在一定程度上是能够代表企业的文化符号,能够代表企业的价值理念与精神象征。

班级品牌是在班级建设与发展过程中形成的具有广泛认可度和持久生命力的特色产品,包括班级所特有的文化、课程、活动等,是班级特色的提炼与升华。类似于企业的拳头产品。

品牌班级是学校全部班级中的卓越代表,是某一行政班在班主任引领下形成了独特的文化、特色的活动或课程,具有明显的识别度、持久的影响力和丰硕的育人成果的优秀班级,类似于社会上某一行业的龙头企业。

品牌班级既是一所学校优秀的教育教学成果,也是一位教师(班主任)工作品质和品位的外显,是个人教育哲学实践化的成果。拥有一批各具优势的品牌班级是一所学校办学实力的佐证，培养出独具特色的品牌班级是一位教育者专业能力的彰显。

```
┌─────────┐      ┌─────────┐      ┌─────────┐
│  品牌   │  ⇒   │ 班级品牌│  ⇒   │ 品牌班级│
└─────────┘      └─────────┘      └─────────┘
┌─────────┐      ┌─────────┐      ┌─────────┐
│商业概念；│      │班级特色产品│    │具有明显识别│
│有经济价值的│    │的提炼与升华；│  │度和持久影响│
│无形资产；│      │包括：活动、课│  │力的班级；│
│企业的文化符│    │程、作品等全部│  │是教师（班主│
│号。      │    │班级教育成果。│  │任）个人教育主│
│          │    │              │  │张的实践成果。│
└─────────┘      └─────────┘      └─────────┘
```

图 2　"品牌班级"概念解读

二、品牌班级的必备要素

一个成功的品牌班级如同一个优秀的商业品牌，应该具有以下几项必备的要素条件。

独具价值、独特的形象符号。一个优秀的品牌班级如同一副响亮的招牌，应该具有积极的教育价值和社会意义，并且与特定的群体（某位教师或某类学生）紧密关联，成为彼此的文化符号。比如，提起华为公司，大家想到的就是民族企业、中华脊梁，科技企业的代表。

有广泛的认可度和美誉度。一个优秀的品牌班级应该是美好和谐、卓越奋发的代名词，在教育系统内应该有一定的影响力和号召力，在社会上应该具有广泛的认可与好评。比如，提起白象方便面，大家想到的就是民族品牌、良心企业、品质保证的代表。

形成了比较完备的班级文化体系。一个优秀的品牌班级，应该经过并且超越了特色与经验的总结提升，形成了较为完备的文化体系。包括且不限于教育理念、育人目标、实施路径、班本课程与活动体系、管理与评价等班级育人文化体系。

```
                    ┌─ 是独具价值的形象符号
                    ├─ 有广泛的认可度、美誉度
          品牌班级    ├─ 有完备的班级文化体系
          六要素      ├─ 有明确的精神内涵和具化的形象符号
                    ├─ 经过长期的实践检验、可复制
                    └─ 有丰硕可见的育人成果
```

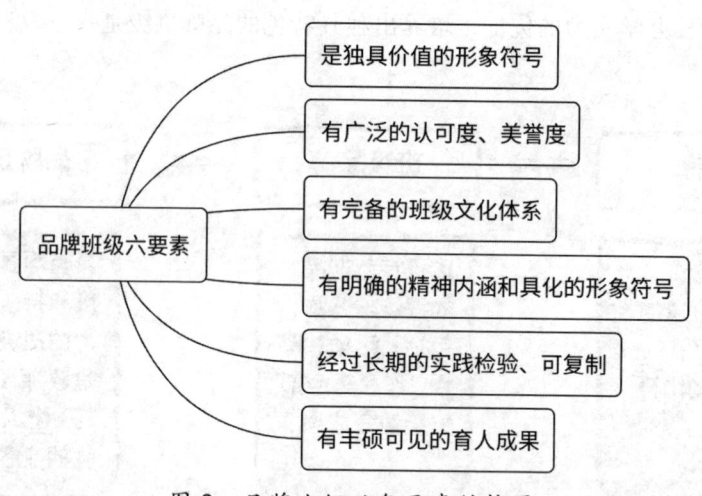

图 3　品牌班级必备要素结构图

成功的品牌班级应该有明确的精神内涵、有具化的形象符号。这个"符号"可以是一句话，也可以是一个标识图形（如班名、座右铭、LOGO 等班牌标识）。比如，看到奔驰汽车的"方向盘"LOGO，人们就想到了高端汽车、尊贵象征、品质保证。

一个优秀的品牌班级一定是在长期的实践中形成的。优秀的品牌班级不是包装出来的，更不是短期内突击产生的，而是在长期的工作实践中不断完善、沉淀和提炼，形成了科学、有效、可借鉴的经验与方法，是具有很强生命力的劳动成果。

一个优秀的品牌班级一定有丰硕的育人成果。没有实在的成果做支撑，品牌班级就没有说服力、公信力。

三、如何建设品牌班级

品牌是可以设计和打造的，厘清品牌班级建设的方法与路径，可以更加高效地推动品牌班级建设。一般来讲，品牌班级建设可以遵循以下的方法与路径。

（一）规划要先行，以科学的顶层设计引领班级发展

凡事预则立，品牌班级建设需要通过科学的顶层设计来引领发展。接手一个新的班级，我们需要对班级进行扎实的调研，详细掌握班级学生的身心特点、爱好特长、成长环境、学业基础等情况，科学分析班级的优势与不足（包括学生的优势与不足和教师、家长、学校与社区等教育资源的优势与不足），师生间充分

地研讨与交流，在集合集体的智慧与共识基础上，制定出科学的、合理的、可操作性强的品牌班级建设规划——班级发展规划。

一份优秀的班级发展规划应包括并不限于以下几个方面：一是班情分析（包括班级构成、优势与不足），二是发展目标（包括近期目标、阶段目标和长期愿景），三是发展理念和总体策略（理念决定策略，理念指导行动），四是工作内容与方法（根据发展目标制定对应的、可操作的教育活动内容及实施方法），五是评价与考核（明确各项教育活动完成的标准与评价考核办法），六是总结与反思（通过有计划地总结与反思提升工作成效、提炼教育成果）。

（二）特色是基础，在传统与优势中发展特色塑造品牌

品牌班级建设不是凭空创造，更不能只为标新立异。品牌班级建设要发扬班级优秀的传统与文化，充分发掘班级的优势，在班级教育管理常规工作的基础上创新突破，形成独具魅力与智慧的特色。

例如，阅读与体育活动是很多学校每年都组织的常规教育工作。班级学生也比较热爱阅读与体育活动，学生和家长参与的积极性都很高。因此可以创新思路，把体育与阅读相结合，从常规的教育活动中发掘亮点与特色："阅读名著＋演绎名著"打造体育节开幕式名著展演；"名著名人＋运动"创作体育运动励志口号、宣传海报或者趣味比赛项目，开展"名著里的运动与健康"主题读书分享等丰富多彩的系列特色活动。

（三）课程是载体，以课程育人提升品牌班级建设的品质

课堂是学校教育的主阵地，课程是育人的重要载体。高品质班本课程是品牌班级建设的重要载体，一方面，品牌班级的打造需要通过课程化的教育来实现；另一方面，优秀的班本课程也是品牌班级建设成果的彰显；此外，专业化、系列化的品牌班级建设课程，也是"品牌"可持续、可借鉴的重要保证。

从学生发展素养方面来讲，可以从思想道德教育、品格能力提升、习惯方法培养等方面来构建班级课程；从主题内容方面来讲，可以按生命与安全、学习与生活、励志与感恩、青春期与心理健康、家国情怀与责任担当、生涯规划与劳动等主题来构建班级课程；从课程形式方面来讲，可以按团队拓展与个体训练、校

内外调查与实践、项目式研究与学习、主题分享与辩论等形式构建课程。

（四）文化是核心，以文化引领提升品牌班级建设的内涵

管理的核心是思想管理，教育的核心是思维与道德的教育，思想、思维与道德教育的根本在于文化的熏陶与自省。因此，班级建设的最高追求是文化建设，以积极的班级文化引领学生发展，才能有效提升品牌班级建设的内涵。

优秀的班级文化是班级凝聚力和活动的源泉，对班级成员起着统领、规范、激励的作用。班级文化首先应该有融合了班级成员的共同理念与愿景。如：以"正面引领、自主发展"为理念，建设"博雅"品牌班级、成就品质师生。班级文化应该建立能充分体现并激励学生自主发展的班级管理架构，形成凝聚师生广泛共识并且执行有力的制度规范。如：班级自主管理岗位职责、工作标准、班级公约等。班级成员的日常行为和班级活动构成了班级行为文化，优秀的班级文化还能对班级成员的行为活动起引领、规范、激励的作用。优雅的环境文化对班级成员的熏染教育意义重大，教室的环境卫生、班级成果的展示表彰、海报宣传和学习物品的摆放等均会对学生的思想和行为产生积极的影响。当然，完备的班级文化还包括凝聚集体智慧的班级 LOGO、口号、班歌等。

有人说，三流的管理靠人、二流的管理靠制度、一流的管理靠文化。通过营造品牌文化来提升班主任工作的品位和品质，是品牌班级建设的追求目标和有效路径。

班级文化建设的思与行

《晏子使楚》中淮南橘的故事告诉我们，文化土壤对人、事、物都会产生深层次的影响。学者梁晓声说，文化是植根于内心的修养，是无需提醒的自觉，是以约束为前提的自由，是为他人着想的善良。强化班级文化建设，以文化引领班级发展是班级建设的根本策略。

一、班级文化建设的内涵

班级文化，是指班集体成员共同的信仰、价值观、行动方式与心态的复合体。班级文化建设，是围绕着班级环境、班级制度、行为活动、班集体课程、目标、精神、理念和价值观等层次展开，进而逐步形成的体系。它是老师与学生双方共同作用的成果，既要有物质环境建设等硬件文化，也要有班级理念、班级精神等软件文化。

有一句话叫"三流学校靠班主任，二流学校靠制度，一流学校靠文化"。靠班主任就是依靠班主任教师的个性风采和自身威信来统管一切，事无巨细。靠制度是指学校强化制度建设与执行，严格按照规章制度处理任何事情。靠文化则是发挥了文化对人的引领、规范、支撑、促进作用，既体现了班主任的引领，又使班级管理有了制度的保障。

班级文化建设应关注学生的终身发展。随着社会的快速变迁，学生要有不断学习的能力以适应社会的不断发展，班级文化建设中着重培养学生的学习能力对于学生的终身发展是大有好处的。班级文化建设应培养学生的自主发展能力，既要理解和关心他们，充分调动他们的主动性和创造力，让学生自主参与班级物质文化建设，也要指导和训练学生的自主管理意识，让学生积极地参与班级制度文化的建设，从而强化自我约束，凸显自我价值，增强内驱力。班级文化建设应帮助学生的自我成长，使班级里的每一位同学的个体自我都能在班级文化的熏陶中得到健康的、良好的和充分的发展。班级文化建设应提高学生的文化修养，要注重学生对自身、家庭、他人、社会应有的道德责任，以培养学生良好的世界观、人生观和价值观为基础，逐步提高他们的道德责任意识和社会责任心。

二、班级文化建设的途径

班级文化建设，对正处于人生观、价值观和世界观形成关键时期的学生来说具有难以取代的重要性。如何紧跟时代步伐、把握班级特点开展扎实有效的班级文化建设是一个非常值得探讨的问题。

班级文化是需要引领的，班级文化是可以设计的。构建班级文化的途径有以下方面。

（一）美化教室环境，物质环境育人

教室的布置要有设计、有意义，要体现品位和追求，引领审美和方向。在打造班级环境布置的过程中，一定要注意实用美观、简洁干净且无安全隐患，切忌形成华而不实，脱离学生的班级特色。通过班级环境创设出浓郁的书香氛围和强烈的集体意识，进而对学生起到良好的精神引领和思想启迪。还可以设计班级的LOGO、理念、目标、口号、班旗等，这些理念文化无形地渗透在班级管理的各个层面，进而对学生产生潜移默化的影响。久而久之，这些班级精神就会在学生的言谈举止和精神面貌上有所体现，逐渐就形成了行为文化。

（二）制定班级公约，人文环境育人

制度只在有人的时候才起作用，要体现人文关怀，并形成广泛的共识。只有强调学生自由成长的班级文化理念，才有更多机会给学生创造更宽阔的自由成长平台，调动其积极参与班级文化构建的积极性和热情，从而提升他们对班级的认同感，切实培养其集体意识，以他们的创造力和主动性建设良好的学校文化。

（三）开发班本课程，立足课程育人

教育要有主题、成系列、课程化。课程的设计要有故事力、意义感，评价导向。比如，可以将青春期教育、人生教育、生涯规划教育、感恩教育等系列主题教育课程化。只有班级文化建设逐步优化成像课程一样有系列、可传播，这样的班级文化才真正算是具有更持久的生命力和更独特的育人魅力。

（四）组织班级活动，强化活动育人

让学生在活动参与中体验、感悟、反思、成长，活动的设计要有娱乐感和交响力，活动也要有主题、成系列，有总结、分享、展示。开展活动要尊重学生的个性和成长规律，尽量照顾到大部分同学，鼓励全体同学积极参与不同类型的课程和活动。同时，还要注意在开展这些课程和活动时不能只是出于完成任务的形式化，而是应该将其形成一种可以移植和推广的范式，保持其长久的生命力，将落脚点真正放在学生的发展上。

三、班级文化建设的实践成果

笔者所在的学校，在班级文化建设上致力于开发博雅课程，培育完整的人。塑造学生的六个优秀品格：对个人，阳光自信、勇敢坚毅；对他人，悦纳分享、诚信友善；对社会，责任担当、感恩奉献。同时要养成学生的七个良好习惯，在个人成长方面，运动的习惯、阅读的习惯、思考的习惯、劳动的习惯；在社会参与方面，问好的习惯、礼让的习惯、守时的习惯。基于此，我校探索了多种多样的班级文化建设途径，取得了一批有效的成果。

（一）主题班会

学校的主题班会根据学生的年龄特点，作出了系列化的主题规划。初一年级的主题是体验生活，包括公民素养、热爱劳动、运动、阅读。初二年级的主题是感悟生命，包括尊重、分享、感恩、国际视野。初三年级的主题是学会生存，包括勇敢、思辨、生涯规划。高一年级的主题是重塑自我，包括公民素养、生涯规划、运动、阅读。高二年级的主题是发展自我，包括国际理解、社会责任、合作与分享。高三年级的主题是超越自我，包括责任使命、高雅目标、生涯规划。（附：2020—2021学年第一学期部分主题班会）

2020-2021学年第一学期部分主题班会

初一级	初二级	初三级	高一级	高二级	高三级
初一（7）吴伟岑，主题：《莫让青春过早靠岸》	初二（8）班何洁宜，主题：《坚持的力量》	初三8班钟伟潮，主题：《脚踏实地，行稳致远》	高一9班沈永祥，主题：《我的青春我飞扬》（结合达人秀）	高二3班刘亚威，主题：《如何自我管理》	高三8班龙璟瑶，主题：《我是情绪的主人》
初一（8）何羽伦，主题：《让我们一起走过》	初二（1）班赵浩波，主题：《生命教育：珍贵的生命旅程》	初三7班张宏杰，主题：《家庭生存指南：好好听，好好说。》	高一1班叶浩东，主题：《共筑中华魂》	高二1班张艳华，主题：《如何高效学习》	高三4班张立东，主题：《同行的力量（感恩主旋律》
初一（3）徐晓丽，主题：《赠人玫瑰，手有余香》	初二（6）蔡伟，主题：《豆蔻年华，青春有我》	初三4班林雪贤，主题：《我很不错——乐观认识自己》	高一6班夏俊东，主题：《晨鸟与夜猫》	高二5班程越，主题：《励志感恩教育》	高三7班张国行，主题：《自信自强，做生活的强者》
初一（1）郭小绿，主题：《善自控者成大器》	初二（3）张悦，主题：《文明精神，野蛮体魄》	初三1班阳焱发，主题：《远离浮躁，走近成功》	高一7班谢晓兰，主题：《拥抱压力》	高二7班邱秀钿，主题：《如何与同学相处》	高三1班华丽，主题：《心无旁骛一心走路》

（二）研学课程

笔者所在学校整合各类教育资源，开发并组织实施了系列课程之"项目式学习（PBL）理念下的研学旅行课程"。本着"面向全体学生，兼顾个性需求"课程设置原则，小学以传统乡土文化教育为重点，初中以"三生"教育为重点，高中以"自省自立"教育为重点，开发面向全体学生的必选选修研学旅行课程。对于有个性需求的学生，学校还开发了以美国、英国、德国、澳大利亚、日本、韩国、新西兰等国为目的地的国外研学旅行选修课程和以国内具有特色文化内涵的地区为研学旅行目的地的国内研学旅行选修课程。连同其他校本选修课程，形成了东莞外国语学校校本课程架构。

例如，在2019—2020学年第一学期，研学旅行课程以"丝绸之路"贯穿主线，让学生深层次了解中国古代丝绸沿线地区的政治、经济、文化、科技等社会发展状况，深入分析古代丝绸之路的历史成因及对中国社会发展的影响和意义。帮助学生深刻理解国家"一带一路"发展战略，增强学生的家国情怀和社会责任感。帮助学生认识自我，明确人生定位和方向。

通过实施研学课程，培养学生仁爱宽厚、亲切友善、谦逊有礼、敢于担当、诚实守信、勤勉踏实、团结合作、阳光积极、自信自强的优秀品质，增强学生好奇心和探索精神与实践能力，让学生养成良好习惯、掌握科学方法，具有独立思考与判断能力。

（三）活动育人，在参与体验中成长

学校有着丰富的校园活动资源，班级文化建设可以充分利用这些活动资源，鼓励学生在实践中参与体验，提高核心素养。如笔者所在学校系列校园节日活动有四节：艺术节、体育节、科技节、文化节；四礼：入学礼、青春（成长）礼、成人礼、毕业礼。例如第四届科技节的主题是"科技让生活更美好"，包括开幕式、科普讲座、专业展示和体验活动、八大学科活动、研究型学习和科技创新成果展示体验活动、职业展演等六大内容。通过积极动员学生参与以上活动来弘扬科学精神，传播科学思想，激发学生学习兴趣，培养学生创新意识和实践能力。再例如，通过开展职业体验的活动，既展现了学生们开拓进取、拼搏创新的精神风貌，营造了齐参与、秀风采的良好氛围，又切实加深了同学们对不同职业的了解，为他们的个人未来规划起到了很好的启迪作用。

总之，通过系统化、科学化的活动开展，将现代公民素养的各方面无形中渗透到学生的校园生活，从而培育更加适应现代化社会的完整的人。

中小学班主任专业发展的思考与行动

在基础教育领域,班主任的工作一直扮演着举足轻重的角色。但长期以来,若非为了评职称需要,一线老师不愿担任班主任的现象普遍存在。近期,各地市陆续开展了中小学名师、名班主任工作室主持人评选和中小学班主任专业能力大赛等活动,这些活动不仅展示了班主任队伍的风采,也引发了我对班主任专业发展的一些思考。

一、当前班主任工作的要求、定位与评价激励措施不相匹配

人们常说,一个好班主任成就一个好班级。在当前教育背景下,班主任工作不仅要求具备扎实的学科知识,更需要掌握教育学、心理学等多方面的知识,以便更好地引导学生的成长。同时,班主任还要负责班级的日常管理、家校沟通、学生心理疏导等多方面的工作,其工作强度和专业要求均较高。

然而,与教学工作相比,班主任工作的荣誉地位和福利待遇却往往未能得到充分的重视。尽管有名师工作室主持人与名班主任工作室主持人评选等活动,但两者在评选系列上并未完全打通,导致班主任在职业发展上存在一定的障碍。此外,尽管班主任工作的重要性得到了广泛认可,但相应的激励措施并没有得到足够的增加,这在一定程度上影响了班主任的工作积极性和专业发展动力。

二、班主任专业发展通道的现状

在教学方面,各省市为教师们提供了丰富的发展平台,如教学能手、学科带头人、工作室主持人、省百千万名师、教育领军人才等评选活动,这些活动为教师的教学专业发展提供了广阔的空间。然而,在班主任专业发展方面,却存在通道狭窄的问题。

首先,班主任荣誉评选的名额相对较少,与学科教学相比,班主任在荣誉获

得方面的机会显得较为有限。

其次，在教学比赛方面，通常是按学科进行设奖，而班主任大赛则往往受到名额限制，参赛机会和获奖比例都相对较低。此外，在主持人评选方面，按学科评选比例远高于班主任评选比例，这也反映出班主任在职业发展上的不公平。

最后，在教研方面，职称评审中对学科科研与论文要求明确，对德育论文没有硬性要求，也使得一线教师普遍不重视德育教研和科研工作。

三、对班主任专业发展的建议

教师队伍专业发展是个系统的重要工程，班主任队伍专业发展是教师队伍建设的重要组成部分，需要同等重视与科学、系统的规划和落实。

（一）从省、市教育行政部门工作层面出发的思考与建议

1. **建立完善的班主任专业发展体系。** 省市教育部门应加强对班主任专业发展的规划和指导，制定明确的职业发展路径和晋升标准，确保班主任在专业发展上能够有明确的方向和目标。

2. **增加班主任荣誉评选的名额和奖项。** 通过提高班主任荣誉评选的覆盖面和奖励力度，激发班主任的工作热情和积极性，提升班主任的社会地位和职业认同感。

3. **打通名师工作室主持人与名班主任工作室主持人评选系列。** 目前很多省市的名师工作室和名班主任工作室评选分属不同的业务部门，评选时间、路径都不尽相同。通过整合两个评选系列，实现优秀教师和优秀班主任在职业发展上的平等对待，为班主任提供更多的发展机会和平台。

4. **研究制定班主任专业发展的课程方案与课程标准，加强班主任培训和学术交流。** 省市教育部门应研究制定班主任专业发展的"标准""指南"等规范性、指导性文件，定期组织班主任培训活动，提升班主任的专业素养和教育教学能力。同时，加强班主任之间的学术交流，推动班主任工作的创新和发展。

（二）学校德育队伍培养方面的建议

1. 建立班主任专业发展与教师队伍一体化规划与培养的制度。如设置学校班主任工作首席导师，以课程化、项目式的开展班主任校本培训和教研、科研。为年轻班主任提供指导和帮助，促进他们快速成长。

2. 探索实行导师制班级建设与管理制度。导师制的核心在于，为每位学生配备一位专业导师，负责其学习、生活、心理等多方面的指导。其优点在于既增强了对学生的关注度、个性化培养，又减轻了传统班主任工作岗位的压力，同时还提升了教师队伍的全员育人功能。在导师制班级建设中，导师除了要对学生的学业发展负责，还要关注每个学生的情感需求，及时给予关爱与支持，帮助学生建立健康的心态，同时还要对学生的日常行为、道德品质进行监督和引导。

3. 提供班主任专项发展资金。学校可以设立班主任专项发展基金，用于支持班主任参加培训、学术研究等活动，提升班主任的专业素养和综合能力。定期开展班主任经验交流活动。通过定期组织班主任经验分享会、案例分析等活动，加强班主任之间的交流与合作，共同提升班级管理水平和学生教育能力。

（三）个人职业发展方面的建议

1. 树立终身学习的理念。班主任应不断更新教育观念，学习新的教育方法和手段，提升自己的教育教学能力。同时，关注班主任专业发展的最新动态和趋势，为自己的职业发展做好规划。

2. 积极参与各类评选和比赛活动。班主任应积极参与省市级、校级等各类评选和比赛活动，通过展示自己的教育成果和实力，争取更多的荣誉和机会。

3. 加强与家长的沟通与合作。班主任应主动与家长建立良好的沟通机制，共同关注学生的成长和发展。同时，通过家长会、家访等形式，加强家校之间的联系与合作，为学生的全面发展创造更好的条件。

总的来说，目前班主任专业发展方面存在一些问题和不足，需要省市教育部门、学校和个人共同努力加以改进和完善。通过建立完善的班主任专业发展体系、增加荣誉评选名额和奖项、打通评选系列、加强培训和学术交流等措施，为班主任提供更多的发展机会和平台。同时，班主任自身也应树立终身学习的理念，积极参与各类活动，加强与家长的沟通与合作，不断提升自己的专业素养和综合能力。只有这样，才能推动中小学班主任队伍的整体素质和水平不断提升，为学生的全面发展和教育事业的繁荣做出更大的贡献。

走出班主任工作的误区

班主任既是知识的传递者，更是学生心灵的引路人。然而，在实际的教育实践中，关于班主任工作的理解却常常陷入误区，这些误区如同迷雾，遮蔽了班主任工作的真谛。

一、对班主任工作的一些误解

（一）育人价值的迷雾：动机与影响的双重反思

当我们谈论班主任的育人价值时，很多人首先想到的可能是职称评定、荣誉证书等外在的标识。这种功利性的动机偏离了班主任工作的初心，有这样的心态，也自然无法将全部的精力投入学生的教育中，更无法体会到育人的真正价值。一个合格的班主任，他们的出发点应该是为了学生的成长和幸福。他们深知，每一个学生都是一颗独特的种子，需要用心浇灌，才能茁壮成长。

也有一些班主任，认为当班主任仅仅是一份工作，却忽视了班主任工作对学生成长的影响。学生，就像是一张白纸，他们的思想、行为、习惯、思维方式、心理健康以及学习和生活态度，都在不断地受到班主任的影响。一个好的班主任，可以像一面镜子，反映出学生的优点和不足；可以像一盏明灯，照亮学生前进的道路。当我们忽视了这些影响时，就等同于放弃了对学生成长的关注和引导。班主任的一言一行、一举一动，都会成为学生模仿的榜样。一个好的班主任，可以影响一个学生的一生，甚至一个家庭的幸福。

一位称职的班主任，不仅要关注学生的学业成绩，更要关注学生的心理健康和全面发展；要经常与学生谈心交流，了解他们的内心想法和困惑；用自己的实际行动，传递正能量和爱心。在这样的班主任影响和带动下，学生们会变得更加积极向上、自信乐观，一位称职的班主任不仅帮他们在学业上取得进步，更能帮助他们在人生的道路上找到自己的方向。

（二）岗位职责的迷雾：从次要到核心的转变

在谈及班主任的岗位职责时，很多人可能存在一些误解。很多教师认为，只要教好自己的课，班主任工作就是附加的次要工作。这种观点忽略了班主任在班级管理中的核心作用。教育部颁发的《中小学德育工作指南》中明确指出："担任班主任工作的老师，班主任是其主要的工作职责。"班主任不仅是学生的教育者，更是班级的管理者、组织者和协调者。班主任工作涉及学生的方方面面，从学习、生活到心理、情感等，需要时刻关注学生的成长变化，及时发现和解决问题。所以说：一个好班主任，成就一个好班级。

也有些班主任将班级管理工作简单地理解为抓好学生的学习和纪律，认为只要学生不违纪、不出事就万事大吉了。这种观点忽视了学生的个体差异和内在需求，忽视了班级文化的建设、学生情感的交流和家长的合作与支持等方面的工作，忽略了真正的班级管理应该是以人为本的，应关注学生的全面发展和个性成长。这样的管理方式不仅无法真正发挥班主任的作用，更可能导致学生的全面发展受阻。

还有些班主任将班会课视为布置班级工作、总结学生表现的场所。然而，班会课应该是学生思想交流、情感沟通的重要平台。班主任应该充分利用班会课的时间，与学生进行深入的交流和互动，了解他们的内心想法和困惑，帮助他们解决这些问题。

（三）能力与素养的迷雾：从单一到全面的提升

在班主任的岗位上，我们还需要面对的一个误区就是对岗位能力与素养的认识偏差。有些教师认为，只要会当老师就会当班主任；只要管理好学生就行，不用和家长打交道；甚至有人认为班主任是独立的个体，不需要给学生做什么表率和榜样。显然，这些认识都是片面的、错误的，这种观点忽略了班主任工作的复杂性和挑战性。

一个优秀的班主任不仅需要具备扎实的学科知识和教学能力，还需要具备高尚的道德品质和健全的人格，更需要具备丰富的心理学知识、良好的沟通能力和组织协调能力。他们需要时刻关注学生的内心变化和情感需求，及时发现和解决问题。同时，他们还需要与家长保持密切的联系和沟通，了解学生的家庭背景和成长环境，共同促进学生的成长和发展。

在班主任带班实践方面，有些班主任认为班级管理就是制定好班级制度或公约按规矩办事就行了。然而，班级管理不仅仅是制定规章制度那么简单，班主任还需要根据班级实际情况和学生特点制定具体的管理措施和方法，并时刻关注学生的反应和变化并及时进行调整和改进。

二、对班主任工作的认识和思考

一个好班主任成就一个好班级，我认为这句话还是很有道理的。在教育的世界里，班主任这个角色犹如一座桥梁，连接着学生、家长、任课教师和学校管理层。他们不仅是知识的传授者，更是学生心灵的导师和成长的引路人。

（一）班主任是班级发展的引领者

班主任作为班级的"灵魂"，其言行举止、思想理念直接影响着班级的发展方向。他们需要根据学生的实际情况和学校的教育目标，制定班级的发展规划和目标。在这个过程中，班主任要引导学生树立正确的世界观、人生观和价值观，激发他们的学习热情和创新能力。同时，班主任还要关注班级的整体氛围，塑造积极向上的班级文化，让每一个学生都能感受到班级的温暖和力量。

（二）班主任是学生成长的陪伴者和导师

学生的成长是一个漫长的过程，需要班主任的陪伴和引导。在日常工作中，班主任要时刻关注学生的成长动态，关心他们的学习、生活和情感状态。当学生遇到困难和挫折时，班主任要及时给予关心和支持，帮助他们走出困境。同时，班主任还要根据学生的特点和需求，提供个性化的指导和建议，帮助他们发挥自己的潜能和优势。在这个过程中，班主任不仅是学生的朋友和伙伴，更是他们的导师和引路人。

（三）班主任是班级课程的规划与实施者

课程是学校教育的重要组成部分，班主任作为班级的管理者，要负责课程的规划与实施。他们需要根据学校的教学计划和学生的实际情况，合理安排课程内容和进度。在这个过程中，班主任要关注学生的学习情况，及时调整教学策略和方法，确保学生能够有效地掌握知识和技能。同时，班主任还要关注课程的延伸和拓展，引导学生积极参与课外活动和社会实践，培养他们的综合素质和能力。

（四）班主任是班级文化的建设者

班级文化是一个班级的特色和灵魂，班主任作为班级的管理者，要负责班级文化的建设。他们要根据班级的特点和需要，制定班规班纪、班训班歌等班级文化标识，营造积极向上的班级氛围。同时，班主任还要通过组织各种文化活动和比赛，增强学生的集体荣誉感和归属感。在这个过程中，班主任要引导学生树立正确的文化观念和价值观，培养他们的文化素养和审美能力。

（五）班主任是班级管理的直接责任人

班级管理是一项烦琐而复杂的工作，需要班主任付出大量的时间和精力。他们要对班级的日常管理进行全面而细致的安排，包括考勤、卫生、纪律等方面。在这个过程中，班主任要关注学生的行为规范和道德品质的培养，引导他们自觉遵守校规校纪和社会公德。同时，班主任还要与任课教师、家长和学校管理层保持密切联系，共同协商解决班级管理中出现的问题。在这个过程中，班主任要展现出高度的责任心和敬业精神，为学生的成长和发展创造良好的环境。

（六）班主任是全员协同育人的纽带

全员协同育人是现代教育的重要理念之一，班主任作为班级的管理者和组织者，要承担起全员协同育人的重任。他们要与任课教师、家长、学校管理层等各方保持密切沟通和合作，共同关注学生的成长和发展。在这个过程中，班主任要发挥纽带作用，促进各方之间的有效沟通和协作。

总之，班主任工作是一项充满挑战和机遇的工作。在这个岗位上，我们可以见证学生的成长和进步，感受教育的魅力和力量。只有真正理解并把握班主任工作的真谛和价值，不断提升自己的专业素养和教育能力，以更加饱满的热情和更加坚定的信念，投身于班主任工作中去，才能成就学生和老师自己更加美好的未来！

做一个有品位的班主任

有人说，一个好老师成就一门好学科，一个好班主任成就一个好班级。可见，在学校发展和学生教育工作中，班主任的角色至关重要。他们不仅是学生知识的传授者，更是学生品德的塑造者，心灵的引路人。一个有品位的班主任，不仅能引领学生走向知识的殿堂，更能引领他们形成健康的人生观、价值观。那么，如何成为一个有品位的班主任呢？

一、把班级发展规划好

班级发展规划是班级发展的蓝图，是班主任和学生共同努力的方向。一个有品位的班主任，首先要明确班级的发展目标，制定清晰的发展规划。

班级规划的基本要求是目标明确、思路清晰。我们要明确什么时间做什么事情，达成什么目标，以及怎么做。只有这样，班级的发展才能有条不紊，学生的成长才能有章可循。

班级规划的内容应该包括班级发展理念、班级情况分析、班级奋斗目标和班级工作规划。班级发展理念是班级文化的核心，它决定了班级的发展方向和氛围。班级情况分析是对班级现状的深入了解，有助于我们找到班级的优点和不足，明确需要解决的问题。班级奋斗目标是班级发展的具体目标，包括短期、中期和长期目标。班级工作规划则是实现这些目标的具体方法和措施，包括班名、班歌、口号等的设计。

最后，评价反馈提升是班级规划的重要环节。我们要定期对班级工作进行评价，收集反馈意见，进行改进和提升。这样，班级的发展才能不断进步，学生的成长才能不断突破。

二、把班级文化营造好

班级文化是班级的灵魂，是引领班级内涵发展的核心竞争力。一个有品位的班主任，应该注重班级文化的营造。

首先，我们要认识到班级文化的重要性。班级文化不仅仅是口号和标语，更是班级成员共有的价值观、态度和行为方式。它影响着学生的思想和行为，塑造着学生的品格和气质。

其次，我们要关注班级文化的建设。在精神文化方面，我们要注重培养学生的价值观和态度。通过班会、课余活动等方式，引导学生树立正确的价值观和人生观。在细微之处，我们要注重班级环境和制度的建设，保持教室的整洁和美观，让学生感受到班级的美好和温馨。同时，制定合理的班级制度，规范学生的行为，保证班级的秩序和自由。

三、把主题班会呈现好

班会课是学生思想与品德教育的主阵地，是展现班主任个人才华和教育哲学的最佳课堂。一个有品位的班主任，应该注重班会课的呈现。

首先，我们要认识到班会课的重要性。班会课不仅仅是处理班级事务的场所或批判会，更是学生思想和品德教育的重要课堂。通过班会课，我们可以引导学生关注社会热点、思考人生问题、培养批判性思维。

其次，我们要注重班会课的设计和实施。班会课应该主题化、系列化、课程化、多样化。我们可以根据学生的实际情况和社会热点确定班会主题，通过体验型、讨论型、表演型、叙事型等多种方式呈现班会内容。同时，我们要注重班会课的备课和反思工作，确保班会课的质量和效果。

四、把班级活动组织好

班级活动是学生成长的重要平台，是班级文化的重要体现。一个有品位的班主任，应该注重班级活动的组织。

在组织班级活动时，我们要注重活动的主题、规划、总结反思和后续提升。活动应该有明确的主题和目标，让学生在参与中体验、在体验中感悟、在感悟中成长。同时，我们要注重活动的规划和组织工作，确保活动的顺利进行并达到预期的效果。在活动结束后，我们要及时进行总结反思和后续提升工作，让学生从中获得更多的收获和成长。

五、把常规管理落实好

常规管理是班级稳定运转的基础，是班主任工作的重要内容。一个有品位的班主任，应该注重常规管理的落实。

在落实常规管理时，我们要站在育人的高度进行工作，而不是简单地完成任务。我们要注重工作布置有完成标准、工作推动有方法指导、落实过程有检查督导、结果检查有评比反馈。通过这些措施，我们可以确保常规工作的有效落实和班级的稳定运转。

总之，成为一个有品位的班主任需要我们在多个方面下功夫。我们要注重班级发展规划的制定和实施，注重班级文化的营造和建设，注重班会课的呈现和设计，注重班级活动的组织和实施，注重常规管理的落实和提升。只有这样，我们才能成为一个有位品位、有魅力的班主任，引领班级和学生走向更加美好的未来。

一线班主任的专业发展之路

班主任不仅是知识的传递者,更是学生心灵的引路人,是学生成长道路上的重要伙伴和重要他人。班主任的专业发展,不仅关乎个人的职业成长,更关乎学生的未来和教育的质量。

一、班主任的专业定位与要求

班主任这一岗位承载着多重角色和期望。首先,班主任是专业技术岗位,需要拥有扎实的专业知识和丰富的实践经验。其次,班主任作为教育者,要有高尚的职业道德和伦理修养,以身作则,为学生树立榜样。再者,班主任还需要具备专业的从业标准岗位技能,如班级管理能力、学生心理辅导能力等。此外,班主任还需要有科学的专业发展路径,不断更新教育观念,提高专业素养。

二、班主任专业发展的内容

(一)班主任职业道德修养

职业道德是班主任专业发展的基石。班主任要始终坚守教育初心,热爱学生,关心学生成长,尊重学生个性,公正公平地对待每一位学生。同时,班主任还要具备高度的责任感、使命感和教育情怀,愿意为学生的全面发展贡献自己的力量和坚守教育原则。

(二)班主任个性与心理健康修炼

班主任的个性特点和心理健康状况对学生的成长有着重要影响。一个人格健全、情绪稳定、性格开朗、乐观向上的班主任,才能够给学生带来更多积极的影响,激发他们的学习热情和生活热情。因此,班主任要注重自身人格修炼、个性的培养和心理健康的维护,以更好地服务学生成长。

(三)教育理念与价值观更新

思想指导行动,行动形成习惯,习惯养成性格,性格决定命运。教育理念是班主任专业发展的灵魂,是指导一切班主任工作实践的基础。班主任要不断更新教育观念,树立以学生为本的教育理念,关注学生的全面发展。同时,班主任还要树立正确的价值观,引导学生形成正确的世界观、人生观和价值观。

(四)班主任工作规范与专业技能提升

班主任工作规范与专业技能是班主任专业发展的核心。班主任要掌握教育学、心理学等相关学科的基本知识,熟悉班级管理、学生心理辅导等方面的技能。此外,班主任还要具备中学生生涯规划指导、家庭教育指导等方面的能力,为学生提供全方位的指导和服务。

三、班主任专业发展的路径与方法

(一)专业阅读

有人说身体和灵魂总要有一个在路上。阅读就是让自己的思想和灵魂得到洗礼和升华的重要方法,而专业阅读更是班主任专业发展的重要途径。通过阅读教育经典著作、教育心理学等方面的书籍,班主任可以不断更新教育观念,提高专业素养。在阅读过程中,班主任要注重思考和实践,将所学知识运用到实际工作中去。

(二)专业写作

如果说专业阅读是班主任汲取养分的输入过程,那么专业写作就是成长积累到一定阶段后,向更高层级迈进的必由之路。通过写教育叙事、教学反思、案例分析等文章,班主任可以梳理自己的教育经验,提炼教育智慧,形成自己的教育风格。同时,专业写作还可以促进班主任之间的交流与合作,共同推动教育事业的发展。

(三)专业研究

专业研究是班主任专业发展的高级阶段。班主任要把工作中遇到的问题作为研究课题,进行深入的研究和探索。在研究过程中,班主任要注重案例的积累和分析,从成功的案例中提炼出可复制和传承的工作方法,从失败的案例中寻找问题的本源并发现正确的方法。同时,班主任还要注重反思和总结,把一般的工作反思提炼为教育理论的实践和工作经验。

四、给班主任专业成长的一点建议

（一）树立终身学习的理念

班主任要树立终身学习的理念，不断更新教育观念，提高专业素养。在学习的过程中，要注重实践和应用，将所学知识运用到实际工作中去。

（二）坚守为学生的全面发展、个性发展、终身发展服务的教育情怀和理念

班主任要关注学生的全面发展，不仅要关注学生的学业成绩，还要关注学生的身心健康、情感需求等方面。通过全方位的关注和服务，为学生的成长提供有价值的帮助。在学生的成长中实现班主任个人的价值与理想。

（三）加强交流与合作

班主任要加强与其他教师及家长、专家等的交流与合作，共同分享教育经验和智慧。通过交流与合作，班主任可以拓宽视野，丰富教育手段和方法，提高教育质量。

（四）保持积极的心态和情绪

班主任要保持积极的心态和情绪，以饱满的热情和激情投入工作中去。在面对困难和挑战时，要敢于迎难而上，勇于担当责任，为学生的成长贡献自己的力量。

总之，班主任专业发展之路是一条充满挑战和机遇的道路。只有不断学习、实践、反思和总结，才能不断提高自身的专业素养和教育质量，为学生的成长和教育的发展贡献自己的力量。

班主任专业成长之阅读

阅读，是丰盈人的灵魂和智慧的重要途径，是实现高品质的工作和生活的必经之路。班主任专业阅读，更是提升班主任工作能力和水平的重要抓手。所谓班主任专业阅读，大概有两个层面的含义：一是阅读与班主任或者说德育工作相关的专业书籍；二是像学者、专家一样专业地阅读书籍。

一、为什么要专业阅读

班主任不仅是学生知识的传授者，更是他们人生的引路人，肩负着学生"导师、导思、导学"的重要职责。这要求班主任自身必须具备深厚的专业素养和广泛的知识储备。而专业阅读，正是获取这些素养和知识的重要途径。

从个人成长和专业发展的角度来讲，班主任的成长离不开对知识的不断渴求与更新，专业阅读不仅能让班主任在教育的道路上"学以致用、明理践行"，更是班主任适应岗位需求、保持教育敏感性的重要手段。"腹有诗书气自华"，班主任老师广博地阅读，可以增加自己的学识，提升自己的气质，在教育教学及与家长交流沟通中引经据典，增强个人魅力。

二、专业阅读读什么

专业阅读的内容丰富多样，但总体而言，我们可以将其归为以下几类：

读专业理论：教育学、心理学、生命科学等领域的专业书籍，是我们构建教育知识体系的基础。通过阅读这些书籍，我们可以了解教育的本质、掌握学生的心理特点、了解生命成长的规律，从而更好地指导学生的成长。同时，专业阅读也能让我们不断更新教育观念，跟上时代的步伐，为学生提供更加科学、合理的教育。比如，阅读《教育心理学》，能帮助我们深入了解学生心理发展的规律，认识每个学生在成长过程中会面临的各种挑战和困惑。启发我们更加关注学生的内心世界，努力为他们创造一个安全、温馨、友爱的成长环境。

读教育名家及名班主任的专著：这些书籍中蕴含着丰富的教育经验和智慧，是我们学习借鉴的宝贵资源。通过阅读这些书籍，我们可以了解他们的教育理念、教育方法和管理策略，从而提升自己的教育水平和班级管理能力。我记得在阅读魏书生老师的《班主任工作漫谈》时，深受启发。魏老师以其丰富的教育经验和深厚的教育素养，为我们呈现了一个个生动、感人的教育案例。他提出的"民主、科学"的教育理念，让我深刻认识到班主任工作的本质和目的。同时，他也为我们提供了许多实用的教育方法和技巧，让我在班级管理中更加得心应手。

读哲理故事、生活漫谈等：这些书籍虽然不属于专业范畴，但它们却能够拓宽我们的视野、丰富我们的内心世界。通过阅读这些书籍，我们可以了解社会百态、体验人生百味，从而增加我们的阅读志趣和人生感悟。

三、专业阅读怎么读

专业阅读并非简单地浏览书籍、走马观花，而是需要我们用心去读、用脑去思考。以下是我个人在专业阅读中的一些方法和体会：

精读与泛读相结合。精读是指对某一本书或某一章节进行深入细致的阅读，力求全面理解作者的观点、掌握书中的精髓。在精读的过程中，我们需要做好笔记、标注重点、思考问题，以便更好地吸收和运用所学知识。而泛读则是指广泛地涉猎各种书籍和文章，以获取更广泛的知识和信息。泛读可以让我们了解更多的教育理念和方法，从而拓宽我们的视野和思路。

例如，我在阅读《教育学原理》这本书时，便采用了精读与泛读相结合的方法。首先，我对书中的每一章节都进行了精读，认真理解作者的观点和论述，并做了详细的笔记。然后，我通过泛读其他相关的书籍和文章，对书中的知识点进行了补充和拓展。这样一来，我不仅深入理解了书中的内容，还获取了更广泛的知识和信息。

阅读书签与读书札记相结合。阅读书签是提升我们专业阅读质量很好的助手。具体来说，就是用格式化的活页卡片，记录下读书过程中的感悟和思考。阅读书签上可以根据个人的需要和喜好，分列出书名、作者（及简介）、文章原文及出处（章节和页码）、个人阅读感悟和思考等项目内容。读书札记是大家比较熟悉的记录阅读心得和收获的形式，就不再赘述了。

理论与实践相结合。专业阅读的目的在于将所学知识运用到实际工作中去。因此，在阅读过程中，我们需要注重将理论与实践相结合。具体来说，就是在阅读的过程中不断思考如何将所学知识应用到班级管理和学生教育中去。在实际工作中不断总结经验教训、反思自己的工作方法和效果，然后将这些经验和教训再反馈到阅读中去，进一步丰富和完善自己的知识体系。

以我在班级管理中的实践为例。在阅读了《名班主任的教育智慧》这本书后，我深受启发并尝试将其中的一些方法和策略应用到我的班级管理中。比如，我借鉴了书中提到的"情感沟通法"，通过与学生建立深厚的情感联系来增强他们的归属感和责任感；我还尝试了"多元评价法"，通过多元化的评价方式来激发学生的积极性和创造力。这些方法和策略的实施不仅取得了良好的效果，还让我更加深刻地理解了书中的内容和思想。

交流与分享相结合。专业阅读是一个不断学习和进步的过程，而交流和分享则是这个过程中不可或缺的一部分。通过与他人交流和分享自己的阅读体会和心得，我们可以了解他人的观点和想法、拓宽自己的思路和视野，同时也可以通过他人的反馈和建议来不断完善自己的阅读方法和知识体系。

因此，我积极参加各种教育研讨会和读书会活动，与同行们分享我的阅读体会和心得。我也会在班级内部组织读书分享会活动，让学生们也能参与到专业阅读中来并分享他们的想法和感受。这些交流和分享不仅让我收获了很多宝贵的经验和智慧，也让我更加热爱和享受专业阅读的过程。

班主任的专业阅读是一种深度与广度的探索与领悟，并非一蹴而就。它需要我们不断学习、思考、实践、积累。通过精读与泛读相结合、理论与实践相结合以及交流与分享相结合的方法，真正将所学知识内化为自己的教育智慧和能力，为学生的成长和发展提供更加专业、有力的支持。

班主任专业发展之写作

如果说专业阅读是学习与成长的输入过程，专业写作则是工作积累到一定阶段必然的输出过程。专业写作也是班主任工作由感性到理性、由经验到理论的发展过程。专业写作不仅是班主任个人成长的见证，更是他们传递教育理念、分享教育智慧的重要工具。

一、专业写作：班主任的"剑"与"盾"

专业写作，是班主任在教育实践中的"剑"与"盾"。它既是班主任对教育现象的深入剖析，也是他们对教育理念的独特诠释。通过专业写作，班主任可以将自己的教育经验、教育感悟和教育智慧，以文字的形式呈现出来，让更多的人受益。班主任专业写作不仅包括教育叙事、教学反思、典型教育案例分析，还包括班级管理及教学活动设计、教育政策法规解读等。

在教育叙事写作中，班主任记录着学生的成长故事，讲述着自己的教育生活。这些故事不仅是对学生成长历程的见证，更是班主任教育理念的体现。通过教育叙事，班主任可以让学生和家长更加了解教育工作的艰辛与美好，从而增进彼此之间的理解与信任。

教学反思，是班主任对教育实践的深入剖析。通过反思，班主任可以发现自己在教育过程中的不足和错误，从而及时调整自己的教育策略和方法。同时，教学反思也是班主任对教育理念的再认识、再理解的过程，有助于他们形成更加科学、合理的教育理念。

典型教育案例分析，是班主任对教育现象的深入剖析和解读。通过对具体案例的分析和点评，可以揭示教育现象背后的本质和规律，为其他教育工作者提供有益的借鉴和启示。同时，教育案例分析也是班主任提高自己教育能力的重要途径之一。

班级管理教学活动设计，是班主任将教育理念付诸实践的具体体现。通过设计丰富多彩、富有创意的教学活动，班主任可以激发学生的学习兴趣和积极性，提高他们的学习效果和综合素质。同时，班级管理教学活动设计也是班主任与家长、学生之间沟通的重要桥梁，有助于增进彼此之间的了解和信任。

教育政策法规解读，则是班主任对国家政策法规的深入学习和理解。通过对政策法规的解读和宣传，可以让学生和家长更加了解国家的教育政策和法规要求，从而更加自觉地遵守和执行。同时，教育政策法规解读也是班主任提高自己政治素养和法治意识的重要途径之一。

二、专业写作：从感性到理性，从经验到理论

专业写作是班主任工作由感性到理性、由经验到理论的发展过程。在教育实践中，班主任积累了丰富的教育经验和感悟。然而，这些经验和感悟往往是零散的、碎片化的，难以形成系统的理论体系。而专业写作正是将这些零散的经验和感悟进行整合和提炼的过程，有助于班主任形成更加系统、科学的教育理念和方法。

在写教育叙事时，班主任需要将自己的教育经验和感悟进行梳理和归纳，形成具有教育意义的故事。

在写教学反思时，班主任需要对自己的教育实践进行深入剖析和反思。

在写典型教育案例分析时，班主任需要对具体的教育现象进行深入剖析和解读。

在写班级管理教学活动设计时，班主任需要将教育理念付诸实践。

在写教育政策法规解读时，班主任需要深入学习和理解国家的教育政策和法规要求。

需要特别注意的是，政策解读虽然是个人对政策法规的理解和分析，但表达的内容应该有理有据，不可随心所欲地曲解甚至误解，相关内容不能与现行政策、法规等相违背和抵触。

三、专业写作：从量变到质变的积累

提起写作，很多老师最大的感受是"平时工作做了很多，但一动笔却感觉无东西可写；想象的画面很好很动人，但写出来感觉干巴乏味很枯燥"。要提高写

作能力，老师需要不断地学习、实践和反思。

步骤一：阅读积累

俗话说：熟读唐诗三百首，不会作诗也会吟。大量地阅读、识记诗词名言、教育大家的理论和观点、各类优美文章等可以快速提升个人的文学修养和品位。理科类的老师，可以多阅读各种文学作品，包括小说、散文、诗歌等。文科类的老师，可以多阅读学术论文等专著。无论什么学科的老师，阅读教育类、心理学类的专业书籍总是必要的。通过阅读拓宽自己的知识面，同时还要特别留意作者的写作技巧、表达方式和思维逻辑，并将这些好的方法记录下来。

步骤二：模仿练习

在阅读积累的基础上进行模仿练习，是提升写作水平的有效方法。可以首先选择一些自己喜欢的文章或段落，尝试用自己的语言重新表达。在模仿的过程中，还要特别注意作者的用词、句式和段落结构，力求达到与原文相似的表达效果。通过模仿练习，逐渐掌握一些写作技巧，并能够在自己的写作中加以运用。

步骤三：写作实践

如果说模仿练习可以快速提升个人对特定事物或情感的描述、表述方式和水平的话，写作实践则是整体提升个人专业写作能力的关键，也是最有效的手段。人都会有畏难情绪，有时候需要逼着自己往前走。比如，积极主动地参加各种写作活动，如学校的教学论文比赛、教育博客的写作等。将自己的教学心得、教学经验和教育理念写成文章，不断锻炼自己的写作能力。在写作实践中有意识地注意文章的结构、逻辑和表达方式，力求让自己的文章更加清晰、准确和有说服力。

有一种有效的写作练习方式叫"二十一天写作训练"。就是每天至少写一篇习作，连续不间断坚持二十一天。二十一天后，你能发现自己的写作水平会有明显的提升。很多人在坚持二十一天写作之后，看着自己积累的作品，反而一发不可收，写作兴趣大增，从被动写作变成主动输出了。

步骤四：反思总结

每次写作完成后，用冷处理和热处理相结合的方式认真反思自己的文章。仔细检查文章的逻辑是否严密、表述是否准确、用词是否恰当等。虚心向同事和其他写作爱好者甚至学生请教，听取他们的意见和建议。通过反思总结，不断发现自己的不足之处，并努力加以改进。

　　专业写作是班主任专业发展的重要途径之一。通过专业写作，班主任可以将自己的教育经验、教育感悟和教育智慧以文字的形式呈现出来，让更多的人受益。同时，专业写作也是班主任提高自己教育能力、形成科学教育理念和方法的重要途径之一。在未来的教育工作中，让我们以笔为剑、以墨为盾，书写更加精彩的教育之路！

班主任专业发展之课题研究

课题研究是教师专业发展到一定高度的必经之路,也是从优秀教师走向卓越教师的必须要求。但提起课题研究,很多人第一印象便是高深的理论指导、突破性的创新手段和颠覆性的成果报告。这其实是对教育课题研究的误解。

一、对教育课题研究的误解

(一)研究课题的题目一定要"高大上"

大而全的课题往往超出了中小学一线教师的研究能力范围,即使有一些好的想法,由于资源支持力量不足往往会实施不到位。

(二)课题研究一定要有高深的理论内容

对于一线班主任而言,教育课题研究更多针对的是日常工作中遇到的难点、热点、痛点问题开展有针对性的实践研究。这些研究,不需要高深的理论,也不必全都是全新的模式、手段,只需要把实践中能有效解决现实问题的方法总结提炼出来,就是一个好的研究。

(三)课题研究一定要有颠覆性的成果报告

中国教育发展几千年,尽管目前还存在很多需要完善的地方,也会不断出现一些新的问题,但整体上对一线班主任而言,不大可能一下子就能作出很多颠覆性的研究成果和报告。我们能在以往一些好的做法上,更进一步有新的突破,就是一个好研究。或者为我们一些成熟有效的做法找到正确的教育学、心理学等方面的理论基础,并在此基础上,把经验做法上升为有一定高度的策略报告,就是一个不错的研究。

二、好的课题研究的三个标准

课题研究是个专业的学术问题,需要有基本的规范和标准。一个好的课题研究,应该具备一定的标准和要素。

从感性的角度讲，好的课题研究应该是：有冲动地开始，有计划地实施，有灵性地表达。

有冲动的开始，意味着老师有研究的热情和动力。这种热情和动力可能来自工作中遇到了真实的问题、难题，有迫切研究解决的需要；也可能是个人发展到了一定的高度和水平后，有进一步自我成长的需求；又或许只是某个一闪而过的灵感，或某个深藏在心底的疑问，以一种莫名的力量催促着我们去寻找答案。无论是哪种情况，这都为研究真问题、真的研究问题打下良好的基础。

我记得有一次，我在阅读一篇关于未来人的社会情感能力的论文时，突然被一个问题所吸引："当机器越来越智能，人们的社交越来越网络化、虚拟化，我们人类应该如何定义自己？我们的学生应该具备什么样的品格与素养来应对新的挑战？"这个问题像是一道闪电，瞬间击中了我。我意识到，这不仅仅是一个学术问题，更是一个关乎学生未来、关乎我们社会发展的重大议题。于是，我毫不犹豫地开始了这个课题的研究——《基于学生核心素养培养的德育课程建设的实践研究》。

有了研究的冲动并不意味着就能一帆风顺。课题研究还需要有计划地实施，即制定科学、周密的计划。制定计划也是一个既有趣又充满挑战的过程。首先，需要明确研究目标，即要解决什么问题，达到什么目的。然后，需要收集相关的文献和资料，进行系统的分析和整理。在这个过程中，可能会遇到各种各样的困难和挑战，比如资料不足、理论框架不清晰等等。但是，正是这些困难和挑战，才引领着我们在挑战中前行、进步。除了收集和分析资料外，有时还需要设计实验或进行调查研究。这个过程需要遵循科学的方法和规范，确保数据的准确性和可靠性。同时，还需要不断地调整和完善计划，以适应研究过程中出现的各种变化。

简单概括研究计划实施步骤：第一步调查访谈，第二步查阅资料，第三步制定方案，第四步实践反思，第五步总结提炼。

有灵性的表达是对研究成果输出的概括。意思是说课题研究的报告、总结既要强有力的佐证材料、有价值的结论建议，成果的表述还要富有灵性。比如，问题表述的精准性、措施描述的具体性、问题解决的价值感，还有逻辑表达的一致性。

要用清晰、准确、生动的语言来描述我们的研究成果，让读者能够轻松地理解我们的观点和思考。这种灵性不仅仅是指对美的追求和感悟，更是指对知识的深刻理解和独特见解。只有当我们真正理解了某个问题或现象时，才能用富有灵性的语言来表达观点和感受。

三、关于教育课题研究的几个观点

优势发展比全面开花更好。人的精力和特长总是有限的，专注一个自己感兴趣又比较擅长的方向，深入、扎实、成系统地研究，既可以让自己保持研究的热情，也容易出研究成果，还能让自己的研究纵向深入发展，更具有价值。

课题研究既要立足当下更要着眼未来。一线班主任的课题研究，首先要着眼于解决当下工作实践中的真问题，让研究有助于工作效率和效果的提升。同时，课题研究也要着眼于未来，对当前的工作有引领和导向作用。研究的目标内容和方法手段，要与时俱进，紧跟时代发展的步伐和国家的大政方针。尤其是一些已经有很成熟的研究实践及研究成果的课题，不具备新的研究价值。另一个特别忌讳的是，课题研究的目标、方向和理论基础，不能明显落后、不适应当前的教育发展，甚至与现行的教育法规、政策导向相违背。

问题即课题的研究意识和成果固化意识。一线班主任在工作实践中，经常会遇到很多有价值的问题、难题，也会有很多很巧妙且有效地解决问题的办法。我们应该提高研究意识，及时把矛盾解决提升到问题研究的高度；同时，对于一些行之有效的工作方法和技巧，灵机一动的思考和心得，及时地记录、整理和提炼，形成固化的成果，不断提升个人工作的层次和品位。

一线班主任比较薄弱的是对教育理论和文献的研究，比较擅长也比较容易操作的是实践研究，在具体工作中应该注意扬长避短。确定课题时，还要结合个人的工作实际，由于所能支配的教育资源有限，普通老师对于涉及全局性的或系统性的课题，研究能力是非常有限的。很多时候即使有一些好的想法或做法，在实证研究和成果推广方面也会受限，所以不如专注一些小而精的课题。

班主任素养提升之如何管理好情绪

班主任角色不仅意味着一份职责和担当，更是一份对青春、对梦想的守护与引领。很多时候，班主任的一句话、一个动作甚至一个眼神，可能就对学生产生了不可估量的影响，甚至改变了一个学生的人生轨迹。这份沉甸甸的责任与重托，加上日复一日的劳累，班主任的身体亚健康及心理情绪压抑成了不容忽视的问题。

情绪管理是个体通过一定的方法和手段，对自己的情绪进行识别、理解、表达和调节，以达到情绪和谐、适应环境的目的。对于班主任而言，情绪管理的重要性不言而喻。一个情绪稳定的班主任，能够为学生创造一个和谐、积极的学习氛围，促进学生的健康成长；而一个情绪失控的班主任，则可能给学生带来负面影响，甚至引发一系列问题。

一、班主任的几种情绪压力来源

（一）来自上级和学校领导的压力

一线班主任必然会面对来自上级和学校领导的压力。这种压力主要来自对教育质量的追求、对班级管理的期望以及对教育改革的响应。上级和领导对班主任的期望往往很高，他们希望班主任能够带好班级、提升教育质量，成为学校的一面旗帜。同时又要求确保校园安全，关注学生身心健康，及时处理和化解学生及家长的问题和矛盾。这种既要又要的压力让班主任们倍感责任重大，时刻不敢有丝毫懈怠。

（二）来自家长的压力

家长是班主任工作中不可忽视的重要力量，是班级建设的重要合作伙伴。但很多时候，家长也是班级发展和班主任工作的阻力和压力来源。

随着社会发展和家庭生活环境的提高，家长对教育的期望和要求也越来越高。他们希望自己的孩子能够在学校得到最好的教育，希望班主任能够给予孩子更多的关注和帮助。但同时很多家长又过度关心孩子在校的情况，担心孩子吃不好、睡不好，既想孩子成绩好，又怕孩子受累压力大。有一些家长会对孩子抱有不切实际的期望，进而导致学生的压力过大，心理情绪异常；还有一些家长教育观念落后，教育方式方法不当，造成与班主任教育的反效果；还有些家长完全不配合甚至抵触班主任的工作。

（三）来自学生管理的压力

学生是班主任工作的核心和主体。中学生正处于青春期，他们的心理、生理都在发生巨大的变化。每个学生都是独一无二的个体，他们的性格、兴趣、家庭背景各不相同，这使得学生管理变得尤为复杂。特别是高中阶段的学生，他们既想获得老师的关注和帮助，又想彰显自己个性，不希望受到太多约束和管教。而且由于社会环境的变化，近年来心理异常的学生明显增多。作为班主任，我们不仅要关心学生的学习成绩，更要关注他们的心理健康、情感变化，以及他们与同伴、家长之间的关系。

（四）来自同伴和家庭的压力

一线班主任还面临着来自同伴和家庭的压力。同事之间亦师亦友，既有合作还有竞争。要把握好同事关系的良好尺度，这对于整天疲于应付繁杂事务的班主任来说是个不小的挑战。特别是遇到任课老师与班上学生产生矛盾冲突的时候，如何调解矛盾更是对班主任的巨大挑战。

俗话说，工作是为了更好地生活。但班主任岗位的工作性质决定了每天需要早出晚归，而且即使下班到家，也要处理很多家长和班级的事务。青年教师任班主任还面临着经营家庭、养育孩子的问题。这种来自家庭和生活的压力，也时常让很多班主任步履维艰。

（五）来自自我成长的压力

随着工作积累，老师的自我价值感、归属感的需求也会越来越高。这种压力来自老师对自己的期望和要求、对教育事业的热爱和追求。他们希望自己能够成为一名优秀的班主任，为学生的成长和进步贡献自己的力量；他们希望自己能够不断学习和进步，实现自我超越和发展。但烦琐的事务与个人能力的提升经常会造成无法调和的冲突，需要老师做出两难的选择或牺牲。

另一方面，随着教育改革的不断推进，新的教育理念、教学方法层出不穷。班主任也需要不断学习新的教育知识，更新自己的教育观念，以适应教育改革的需求。然而，这种不断地学习和适应也会给班主任带来很大的压力。

"人们最出色的工作往往是处于逆境的情况下做出的。思想上的压力，甚至肉体上的痛苦都可能成为精神上的兴奋剂。"希望学校教育管理者能够咬牙坚持，在努力中让学校发展更好，让师生越来越好！

二、班主任如何管理好自己的情绪？

有人说："世界犹如一面镜子，你笑着对它，它也笑着对你"。班主任面对烦琐的工作，难免心生烦闷与怨气，不安与紧张交织在一起。掌握一些情绪管理的好方法或小技巧，可以让自己的工作和生活更轻松。根据心理学规律并结合个人的工作实践，以下的方法可供借鉴。

（一）提高认知，拓宽视野

提高认知是情绪管理的第一步。当我们对自己的不良情绪有所察觉和认知时，试着将负面事件转化为正面的信息，这种方法叫察觉后的转化。心理学上有一句话是说"情绪无关对错"，关键是当事人如何把情绪转化为对自己有用的正面信息和正面行动。作为一个班级的领导者，班主任要理性地做出转化，把不利因素转化为有利因素。比如，有些班主任会抱怨自己运气差，各种问题学生都让自己碰到了。其实当分班已成定局，抱怨也无济于事。不如把面前的困难和挑战，看作自己成长路上的宝贵经历。这就是转化，转化为积极的观点和行动，否则我们总会在抱怨里打转且得不到丝毫提高。

高远的视野格局，能帮助我们放下很多负担和烦恼。很多时候，我们耿耿于怀的负担，站在另一个高度或角度看，根本算不上问题。还有些时候，我们放不下的烦恼只不过是自己一厢情愿的臆想。

（二）沟通交流，倾诉衷肠

沟通交流是情绪管理的重要手段之一，倾诉衷肠后的共情是缓解压力的一服良药。

一方面是遇到问题时要充分沟通交流。有一种说法叫换位后的体谅。当学生表现达不到学校、老师及家长的期望和要求时，我们有时会"恨铁不成钢"，有时还会非常急切地想要去改变或扭转不利局面。但经过充分的沟通和交流后，或许会发现学生也有自己的道理和想法，这种充分沟通后的换位体谅，也能帮我们带走很多不良情绪。

另一方面班主任也要学会适当地倾诉自己的烦恼和困惑。通过倾诉衷肠，不仅可以得到他人的理解和支持，还可以缓解自己的压力和负面情绪。在与他人沟通时，班主任要注意以下几点：首先，要选择合适的沟通对象。不同的人有不同的观点和立场，选择与自己观点相近或能够给予自己帮助的人进行沟通，更容易达到沟通的目的。其次，要坦诚地表达自己的情感和想法。不要掩饰或压抑自己的情绪，而是要真实地表达自己的想法和感受。最后，要尊重他人的观点和想法。即使对方不能完全理解自己的处境，也要保持尊重和耐心，听取对方的意见和建议。

（三）环境改变，寻找"小确幸"

很多时候，每天熟悉的工作或生活场景中一点小小的改变，偶尔给自己来点小确幸、小惊喜可以缓解很多的紧张情绪和压力。例如，在办公室摆放一些绿植、装饰画等物品，让办公环境更加温馨和舒适；在工作之余参加一些兴趣小组或社交活动，结交更多的朋友和伙伴；利用周末或假期时间外出旅游或度假，放松身心、开阔眼界。

此外，班主任还可以在工作中寻找小确幸。小确幸是指生活中那些微小而确实的幸福瞬间。例如，学生的一句问候、一张贺卡等都能让班主任感受到幸福和满足。这些小确幸不仅能够缓解班主任的工作压力和负面情绪，还能增强他们的工作热情和动力。

（四）幽默应对，乐观享受

幽默是情绪管理的有效手段之一。班主任要学会用幽默的方式来应对工作和生活中的困难和挑战。无可避免不如乐观享受困难和挑战带来的刺激。通过幽默的方式来看待问题，不仅可以缓解自己的压力和负面情绪，还能让自己更加乐观地面对生活和工作。

当然，幽默并不是无节制地调侃和嘲讽。班主任在使用幽默时要注意以下几点：首先，要尊重他人。不要以伤害他人为代价来制造幽默效果。其次，要适度使用幽默。幽默虽然能够缓解压力和负面情绪，但过度使用也会让人感到不适和反感。最后，要注意场合和对象。在不同的场合和面对不同的对象时，要选择合适的幽默方式。

还有一种应对压力和情绪的方法叫接纳后的拓宽。当我们遇到无法回避的问题和挑战时，试着想象和接受最坏的结果，在最坏的结局中寻找能让自己接受的解决办法。或许思路打开还能带来意想不到的效果。

（五）适度放松，享受生活

适度放松是情绪管理的重要环节之一。班主任要学会在忙碌的工作之余抽出时间来放松自己、享受生活。通过放松身心、调整状态来恢复体力和精力从而更好地投入工作中去。在放松时，班主任可以选择一些适合自己的方式，例如听音乐、看电影、做运动、阅读等。这些活动不仅能够帮助班主任缓解压力和负面情绪，还能够丰富他们的业余生活，提高他们的生活质量和幸福感。

班主任管理技能之做个优秀演讲者

曾经社会上有一种说法："是人才不一定有口才，但有口才一定是人才"。这在一定程度上也反映了语言表达对个人发展的重要性。作为教师，特别是班主任，良好的口才能让我们更高效地处理很多工作和生活中的问题。但一个比较明显的问题是，很多老师，特别是年轻老师，站在讲台上面对学生可以侃侃而谈。但在别的公众场合，尤其是一些重大的正式场合，面对领导、专家或家长等人员时，经常会头脑一片空白，紧张得冒汗、口吃，有时会对个人的形象和发展造成不小的影响。

俗话说：言为心声。一个人讲话的内容和表现，在很大程度会是个人内心思想的写照。诗词有云：腹有诗书气自华。一个满腹经纶、才高八斗的老师，通常都能舌灿莲花，让听众心旷神怡。高质量的公众演讲一定需要有广博的学识基础作支撑，不仅如此，公众场合的讲话，还需要有一些基本的技巧和方法。

一、公众演讲的基本范式

（一）金句开场

作为教育工作者，引经据典的开场白是老师讲话稿的一大亮点和特色。演讲者一开口就是金句往往能够吸引听众专注地听下去。比如新学期开学典礼上的代表讲话：

亲爱的老师们、同学们：

"一年春作首，万事行为先。"在这阳光明媚的早春时节，我们如约回到阔别将近一个月的美丽校园……年年岁岁花相似，岁岁年年展雄姿。过去我们都很优秀……（列举一些师生们的优异表现），未来，相信大家会更加辉煌……

当然，开场的方式还有很多，比如以热点事件开场，以美好祝福开场，以传统节假日开场等。

（二）内容精练有格调

首先，讲话要精炼。除非是专题培训或讲座，一般情况下，公众演讲的内容简短精炼为好。特别是听众人员庞杂的场合，质量不高的长篇发言往往会适得其反。其次，内容要有格调。具体来说就是言之有物、言之有理、言之有品。言之有物是指讲话要有实在的内容，一堆正确的废话，或者老生常谈的重复通常都不会太受欢迎。言之有理是指讲话要有条理，有依据，讲话不能颠三倒四、语无伦次，也不能信口开河不负责任地乱讲。言之有品是指讲话站位要高，要赋予所讲内容一定的意义，提升一定的高度，彰显讲话者的品位。比如，同样是强调学生穿校服，如果只是从管理要求的角度去强调甚至批判，往往会让人反感，但如果从校服是学校文化的标识、穿校服是学生对学校的文化认同，自觉穿校服是个人的集体意识、规则意识、文明素养的养成等高度来提醒，可能效果会更好一些。最后，演讲要稳重得体。在正式场合的演讲可以幽默风趣，但切不可随意调侃，衣着大方、举止稳重得体会给自己大大加分。

（三）态度要谦和

无论演讲者个人的身份地位有多高，听众资历有多浅，"水满则溢"的道理永不过时，一个态度谦和、温文尔雅的演讲者总会更受欢迎。当然，谦和不是一味讨好，更不是谄媚。谦和是内心自信的气定神闲和心存敬畏的温和恭让。

（四）几个小技巧

一是提前准备。任何事情、任何时候，胸有成竹总能让人更自信从容。二是临阵磨枪。上场前再熟悉默念发言稿，特别要记熟重要部分的转折和连贯的串词，以免卡壳。三是自我暗示。临场前如果太过紧张，可以闭目深呼吸，默念一些自我鼓励的话语，做一些增强自信的小动作，给自己加油鼓劲。四是主场优势。无论多高规格的公众活动，一旦站上演讲台，演讲者就是全场的主角，除非极特殊情况，整个场面都由演讲者自己发挥和调控（包括台下的领导或嘉宾），演讲者可以自由发挥自己的优势和强项，让整个演讲更精彩。

二、不同听众场合的一点演讲建议

面向学生演讲：演讲的核心一定是为了学生更好地成长。

1. 要明确目标和主题：讲话前，要明确讲话的目标和主题。这有助于你组织内容，使听众能够清晰地理解你的意图。

2. 从学生成才需要出发：讲话的出发点应紧紧围绕学生的成长需要，从他们的角度出发设计讲话的主题、内容和形式。这样更容易引起学生的共鸣，使他们愿意倾听和接受。

3. 运用适当的技巧：

欲扬先抑：首先指出学生的优点，再提出需要改进的地方，让学生在积极情绪中接受建议。

老话新谈：将常规的教育内容以新颖的方式呈现，如通过诗歌、故事等形式，增加趣味性和吸引力。

恩威并施：在表达关心和爱护的同时，也要展现班主任的威严，确保班级纪律的维护。

软硬兼施：针对不同性格的学生，采用不同的教育方式，既要有严厉的一面，也要有宽容的一面。

适度幽默：根据演讲现场的氛围，适时的幽默，可以很好地调动现场氛围，提高听众的注意力。

4. 创造互动和情境：利用情境创设的方法，如组织班会、角色扮演等，让学生在参与中体验和学习。鼓励学生提问和发表意见，增加与学生的互动，提高他们的参与感。

5. 注意语言和表达方式：使用亲切、和蔼的语言，让学生感受到班主任的关爱和温暖。比如，演讲中多使用"我们、咱们、大家"等一类的词，更容易拉近与听众的距离。表达清晰、准确，避免使用模糊或复杂的词汇和句子。注意语速和语调，保持适当的节奏和韵律，使讲话更加生动和有趣。很多时候，对仗整齐的排比句子，可以很好地提升讲话的气势。

6. 总结和展望：在讲话结束时，对讲话内容进行简要总结，并展望未来的计划和目标。鼓励学生积极参与班级活动和学习，共同为班级的未来努力。

7. 注意事项：演讲中避免使用过于严厉或批评性的语言，以免伤害学生的自尊心和积极性。尊重每个学生的个性和差异，不要一概而论或一刀切。保持耐心和信心，相信每个学生都有成长和进步的潜力。

三、面向家长的演讲：演讲的核心一定是希望与家长合力，更好地培养学生

（一）开场致辞

亲切问候＋简短介绍：首先向家长们表示热烈的欢迎和感谢，感谢他们抽出宝贵的时间参加家长会，简要介绍本次家长会的目的和流程，让家长对会议内容有个大致的了解。

（二）班级学生情况汇报

学生学习进展：详细介绍学生在校的学习情况，包括整体表现、学习成果、作业完成情况等。要多强调进步和优点，客观描述和分析问题与不足。班级动态：分享班级近期的重要活动和事件，如运动会、文艺比赛、社会实践等，让家长了解孩子在班级中的成长和经历。个别学生关注：对于有特殊表现或需要家长关注的学生，可以单独提及，但需注意措辞和方式，避免给家长带来压力。

（三）家校合作建议

明确家校合作的重要性：强调家庭教育和学校教育相结合的重要性，以及家长在孩子成长过程中的关键作用。具体合作建议：提出具体的家校合作建议，如家长可以如何监督孩子的学习、如何与孩子沟通、如何参与班级活动等。分享成功案例：分享一些家校合作成功的案例，让家长看到家校合作的实际效果和价值。

（四）解答家长疑问

鼓励提问：在讲话结束后，鼓励家长提出自己的疑问和困惑，并给予耐心解答。尊重隐私：在回答家长问题时，注意保护学生的隐私，避免泄露敏感信息。

（五）结束致辞

再次感谢：感谢家长们的参与和支持，表示会继续努力做好班级管理工作。期待反馈：鼓励家长们提出宝贵的意见和建议，以便更好地改进工作。

（六）注意事项

语言简洁明了：使用通俗易懂的语言，避免使用过于专业或复杂的词汇。保持亲和力：在讲话过程中保持微笑和亲切的语气，让家长感受到班主任的关心和

温暖。尊重每位家长：无论家长的文化程度、职业背景如何，都要给予充分的尊重和理解。注意时间控制：根据会议安排合理控制讲话时间，避免超时或拖延会议进程。

四、面向领导专家的演讲：演讲的核心一定是汇报展示和请教指导

（一）开场致辞

问候与感谢：首先向在座的领导、专家表示诚挚的问候，并感谢他们给予的机会和指导。自我介绍：简要介绍自己作为班主任的资历和所带班级的基本情况。

（二）班级概况与成果展示

介绍学生整体表现：提及班级学生的整体学习表现，如平均成绩、进步率等，可以使用具体的数字或百分比来展示学生的进步。介绍班级特色活动：介绍班级组织的特色活动，如社会实践、科技创新、文化艺术等，强调这些活动对学生全面发展的积极影响。展示获得荣誉与奖项：列举班级或学生在校内外获得的荣誉和奖项，如运动会冠军、知识竞赛优胜者等。这些荣誉能够证明班级的实力和班主任的管理成果。

（三）教育理念与实践分享

教育理念：阐述自己的教育理念，如"以学生为中心""全面发展"等，重点应突出这些理念在班级管理中的具体应用。管理方法：介绍自己在班级管理中的具体做法，如制定班规、开展班会、进行个别辅导等，重点要强调这些做法对学生纪律、学习、心理等方面的积极影响。案例分析：选取一两个典型案例，详细讲述自己在处理学生问题、促进学生成长方面的经验和做法，重点是通过案例展示自己的专业素养和解决问题的能力。

（四）期待与建议

期待反馈：表示期待领导、专家给予宝贵的意见和建议，以便更好地改进工作。

提出建议：根据自己的经验和思考，向领导、专家提出一些关于教育、班级管理等方面的建议或看法。表达敬意：表达对领导、专家专业能力和崇高精神的敬意和尊重。

（五）注意事项

语言规范：使用正式、规范的语言，避免口语化或过于随意地表达。条理清晰：内容要条理清晰、逻辑严密，避免出现混乱或跳跃的情况。注意时间：根据会议安排合理控制讲话时间，避免超时或提前结束。自信从容：在讲话过程中保持自信从容的态度，展现出班主任的专业素养和良好形象。

附：班主任工作指导方略

一、目的和意义：

为全面贯彻党的教育方针，深入落实立德树人根本任务，全面践行学校办学理念，切实加强德育队伍建设，大力促进德育工作专业化、规范化、实效化，确保将学校德育工作的要求全面、细致、精确地落到实处，学校特制订本指南。

二、主要原则：

1. 科学性原则。《指南》须牢牢把握德育工作的根本性质和价值取向，须符合青少年身心发展特点和德育工作的基本规律，须符合学校办学理念和培养方向，须符合各学段、各年级的实际。

2. 实用性原则。《指南》须紧紧围绕班主任日常工作的实际给予具体明确的指引，须能给一线班主任，尤其是年轻班主任提供具体、可操作、可实践的指导。

3. 规范化原则。《指南》须根据学校办学要求以及学生管理有关要求提供规范、明确的指引，以此实现全校班主任常规工作的专业化、规范化、实效化。

三、基本目标：

1. 明确学校班主任日常工作的主要内容、要求以及工作方法。

2. 为广大一线班主任，尤其是年轻班主任提供具体、可操作的指引，全面提升班主任工作水平，大力推进德育队伍建设。

3. 实现学校德育工作的专业化、规范化、实效化，全面提升学校德育工作的质量，科学有效地实现学校育人目标。

四、主要内容：

（一）班主任每日、每周常规工作15条

第1条：了解、检查学生出勤情况。

每天早中晚学生到班时班主任尽量到班进行检查，如有异常，须第一时间进行处理。若因有事不能到班，应由值日班干部在相应时间点代为检查考勤情况并做好记录。若有异常，须第一时间向班主任电话汇报。班主任在收到汇报后，应立即予以处理。

白天上课及晚修应有专门干部负责考勤并填好班务日志。晚上就寝时也应有干部考勤并做好记录，发现异常，相关干部应能及时联系上班主任。

第2条：了解、检查班级卫生、仪容情况。

每天早中晚学生到班时班主任尽量到班进行检查，若发现有学生没有做好，应第一时间按学校要求予以处理。若因有事不能到班，应由值日干部代为检查相关情况，并做好记录，待班主任到校后及时予以汇报，班主任在收到汇报后，应立即予以处理。

卫生、仪容的具体要求请查询学校有关管理条例。

第3条：认真组织好大课间活动。

每天早上9:10，在听到下课铃声后应迅速到班组织同学们按要求进行大课间入场，并随同班级队伍进入运动场。

大课间期间，应全程观察班级同学们的表现情况，对表现不好的同学及现象及时提醒、纠正，确保本班同学能高质量完成大课间活动。

配合、协助体育老师开展好相关活动，对班级存在的问题及时予以提醒、教育。个别问题进行个别提醒、教育、批评，全班性的问题留下全班进行提醒、教育、批评。

了解本班早上宿舍内务情况，对宿舍内务不合格的，要求学生本人在大课间后立即回到宿舍整改好，并在事后及时予以教育。

倡导、鼓励班主任和同学们一起进行跑步、做操。

第4条：了解学生宿舍内务和纪律情况。

每天上午要了解本班学生昨天宿舍内务和纪律情况。对做得不够好的学生第

一时间进行沟通、教育。（一周要去一次宿舍：向生活老师了解情况；关心过问同学们宿舍生活情况）

第5条：了解本班教学区纪律情况。

每天上午要了解本班学生教学区纪律情况。对做得不够好的学生第一时间进行沟通、教育。请民主制定好班规，实现制度化管理。另外，请注意安排专职干部负责好每天体育课、外教课、中午放学、晚上放学、周末放学教室"四关"（关灯、关窗、关电源、关门）问题以及每晚的眼保健操问题。

第6条：落实学生处的通知。

每天应及时关注学校学生处等各部门的通知，并及时落实。例如上交资料、出板报、派发假期致家长的一封信、进行学生安全教育工作等。

第7条：了解本班学生干部工作情况。

每个星期一用不少于30分钟时间重点加强本班学生干部队伍建设。一周要召开一次班干部会议，可以是全体班干部，也可以是部分班干部。对好人好事予以表扬，对存在的问题及时予以提醒、帮助。要高度重视调动和发挥班干部在班级管理中的重要作用。

第8条：了解本班学生学习情况。

每周星期二用不少于30分钟时间重点加强本班学风情况。包括早读、课堂、晚自习、作业完成、周测、学习氛围等。对好人好事及时予以表扬，对存在的问题及时予以处理。

第9条：加强师生沟通。

每周星期三用不少于30分钟时间和1位学生进行师生沟通。沟通的目的主要是了解学生情况，加强关心、关怀，增进师生情感。沟通的方式包括正式和非正式两种。（每学期和每位学生最少进行1次专门的谈话沟通）

第10条：做好特殊学生的关怀工作。

每周星期四用不少于30分钟时间关怀1位需要特殊关怀的学生。关怀的方式可以是沟通谈话、表扬激励、提醒督促或借助其他资源予以帮助等，并注意及时进行适当的文字记录。

第 11 条：做好家校沟通。

每周星期五用不少于 30 分钟时间联系 1 位家长。向家长汇报孩子情况，包括好的方面和可提升的方面；向家长了解孩子的情况，包括优点和需要帮助的地方；向家长表示感谢，并了解家长的需求和建议；

家校沟通要做到：尊重家长，有礼貌；正面肯定孩子为主；多倾听；多和家长一起商量如何帮助孩子。（一学期每位家长最少联系 2 次，最少召开 1 次家长会）

第 12 条：组织开展好班会。

每周星期日晚精心准备好星期一的班会课。班会课争取做到主题明确、内容丰富、形式鲜活、有实效。

第 13 条：做好班主任及科任老师的沟通。

每周班主任要主动和各科任老师进行沟通，及时向各科任老师了解学生在各学科上的学习情况，并帮助科任老师提供必要的帮助，同时也可让科任老师协助班主任执行各项工作。

第 14 条：做好观察并及时发现突发事件。

班主任平日多到班级走走，多观察，及时发现可能存在的安全隐患，并及时处理突发事件。

第 15 条：组织好班级活动。

全体班主任要高度重视活动对增强班级凝聚力、提升学生素质的重要意义。根据学校、年级工作安排和班级建设实际，指导、帮助学生干部组织开展好班级活动。

具体要做到：思想上高度重视，早做筹备；策划中要具体指导、督促、帮助、把关；活动过程中要全程陪伴（大型集会和活动要提前到位，过程中要到班级队伍中管理纪律，结束后要做好总结和善后工作）。

主要活动包括：每周一次的升旗仪式和疏散演练；每学期一次的主题班会公开课；每学期一次的家长会；每学期一次的工作计划和总结汇报；每学期两次的家委会会议；每学期三次的黑板报；以及学校年级安排的其他系列活动等。

(二)班主任工作6个怎么办：

1. 怎么培养好班干部？

(1) 如何发现班干部苗子

班主任要有智慧之眼。首先，教师要做观察者，通过细致地观察明确学生的成长状况，利用好开学之初的一些集体活动，如集会、军训等，了解他们在集体活动中的真实表现。第二，教师要做调查者，以科学的方式去了解学生的成长需要。接班之初，教师可以设计一份体现自己教育目标的学生信息表，组织学生填写，积累第一手资料。调查表可以包括学生的基本信息、家长信息、学习诉求、能力自述等。第三，教师要做访谈者，以坦诚的沟通激发学生的成长欲望。可以在平时的对话中向学生传递积极的信号，那就是对他们的期待。

班主任要有大爱之心。第一，要坚持用赏识的眼光看学生。第二，班干部的选拔要克服偏爱心理，坚持实事求是的原则，客观评价，给学生均等的参与机会。第三，对每一个班干部的成长要留出足够的空间，以师爱宽容孩子成长中可能会犯的错误。

(2) 通过什么方式产生

班干部任命制。班主任根据自身掌握的情况，指定某些同学担任班干部。这个机制一般用于班级建班初期。但这个方法需要班主任做好充分的前期准备工作。任命制的班干部岗位不宜设置过多，一般只设置班长、体育委员、劳动委员等必需的职能岗位。

班干部普选制。借助选举的方式，在班级内部由学生和老师共同选举班干部。这种方法适用于相对成熟的班级。但要注意两点。第一，班主任要给予学生充分的信任，以信任赢得学生的责任。第二，班干部标准的制定必须充分吸纳学生参与，尽可能通过征求意见、分组讨论、全班宣讲等形式在班级中形成人人关注、人人思考、人人参与的氛围。第三，投票选举的过程要全程公平、公正、公开。

班干部自荐。指完全由学生自我推荐产生班干部的做法。学生掌握绝对的主动权，一般适用于班级发展的成熟期。明确班干部的职位职责和能力要求，对班干部工作进行及时宣传，从人生发展规划、班级发展需要、个人发展评价等角度引导学生进行讨论和思考，目的在于激发学生的责任担当意识和自我发展意识。

（3）怎样培养好班干部

班主任要学会智慧地放权，以赢得学生的责任担当。但放权不是一蹴而就的，必须考虑学生的能力水平等因素，循序渐进。

班主任要智慧地示弱，以信任激发学生的智慧，不必事必躬亲，把班级管理中的难事向班干部求助，让他们在思考、探索和践行中成长。

建立班委述职制度，以强化对班干部工作的监督和促进。同时，同学们可以对班干部的工作进行评价。

建立班委轮岗制度。但要注意两点。第一，要征求并充分尊重班干部的意愿，条件不成熟的，不适宜大规模轮岗。第二，在班委轮岗中要坚决破除惩戒思想，坚持以育为主，以人为本。

建立竞争机制。要及时地对班干部进行评价，坚持定性与定量分析相结合，形成性评价与终极性评价相结合。

2. 怎样进行班级文化建设？

（1）班级环境文化建设

教室环境是班级形象的标志之一。美化教室环境，既建设了良好的班级形象，也可以用优美的环境陶冶人。心理学研究证明，自然环境、社会现实会对人的心理产生巨大影响。优美的教室环境能给学生增添生活和学习的乐趣，消除学习后的疲劳。更重要的是，优美的学习环境有助于激发学生热爱班级、热爱学校的情感，促进学生奋发向上，增强班级的凝聚力。

①教室的净化。教室卫生是班级的窗口，是文明的标志。这包括地面是否干净，工具是否摆放整齐，学生书桌和书柜是否收拾得整洁。要保持干净的教室环境，需要培养学生良好的卫生习惯，制订严格的卫生制度，人人参与，加强检查和监督，保持教室的清洁和美观。

②教室的美化。要发动学生精心设计、巧妙布置，力求教室和谐、高雅。教室布置包括：班级发展目标，班级文化宣传内容。结合学生的年龄特点，充分利用每一面墙，努力让每一面墙都说话，由学生自主创建小栏目，激发学生的求知欲，

增强学生的自我约束能力。

(2) 班级制度文化建设

班级制度文化建设，主要以学生日常行为规范和学校的相关制度为依据，同时根据班级实际，体现班级特色。班级制度文化建设是形成良好班风的必要条件，要十分重视。

①抓好开头。俗话说"好的开始等于成功的一半"，新生入校之际、班级成立之初都是制度建设的好时机。学生刚入校门，就要做好入校教育，要让每一位学生了解规范，重视行为规范的落实，同时制定班级的规章制度。

②重视学生意见。学校教育的主体是学生，学生是班级的主人，所以在班级制度文化建设过程中，要充分尊重学生的意见。班级制度可以通过学生讨论、班委修改、最后全班学生投票的方式来制定，这样制定出来的制度才会得到学生的认可，才会有生命力和实效性。

(3) 班级精神文化建设

班级精神文化属于观念意识形态层面，是班级文化的核心内容，包括班级精神、班级凝聚力、团队意识、班级文化活动等内容。这些内容反映了价值观、人生观等深层次的文化。

班级精神的培养。一个班级要有班魂，也就是班级精神。这种精神要在班级成立之初有意识地培养，逐步让学生理解接受，根植在全体学生的心里。

②班级凝聚力的培养。班级凝聚力是在多种因素共同作用下形成的。每个班级都应拥有属于自己的特有的管理理念、班训、班风、班歌、班徽、班级吉祥物、班级简史、班级奋斗目标等等。

③班级活动的开展。人的能力在活动中将得到培养和锻炼，班级活动是班级文化建设的有效途径之一。班级活动一般可分为两类：一类是学校组织的活动，如军训、运动会、艺术节、科技节等。这类活动规模大、影响深，对于形成健康向上、团结进取的班级团队精神能起到很大作用。另一类是班级内部的活动，如班会、辩论会、演讲会、兴趣小组等。这些活动内容广泛、形式多样，能对学生的思想、观念起到潜移默化的作用。

④优化人际关系。构建和谐的人际关系对精神文化建设有着重要意义。班级里有两种非常重要的人际关系要处理好：生生关系和师生关系。

3. 怎样进行学风建设？

学风包括哪些要素？

学习目标、学习态度、学习纪律、学习方法、学习兴趣、学习效果。

应从哪些地方着手？

①描绘班级愿景，设定班级整体学习目标。

②开展多种形式的励志教育。例如励志演讲、励志故事、现身说法、应试教育、目标展板，并及时奖励。

③打造并保障优良的学习环境。首先要细心观察和收集教师、学生的反馈意见。然后对存在的学科采取必要的措施，如加强巡视、召开班会、座谈会，引导学生互相提醒、监督，发挥班干部的力量，制定相关的惩戒措施等。最后，还要关注班级里的重点人员。影响课堂或晚修纪律的总是班里相对固定的几个人，稳住他们，基本就能稳住纪律了。

④发挥成绩优秀学生的"传""帮""带"作用。班主任要进行分层次的教育引导，可进行师徒结对、小组合作、学生讲课等。

⑤加强学法指导。指导者可以是班主任、科任老师、成绩优秀的学长或毕业生、本班或其他班的学生。

4. 怎样处理"问题"学生？

冷处理，头天发生的问题尽量第二天解决。当学生公然与自己发生冲突时不激动、不发火那是不可思议的。但老师必须顾及自己的情绪会带来的后果，要以理智战胜情绪，冷静处理。

事发后，须换位思考。一些班主任在冲突事情发生后急于解决，采取了找学生家长，或交给学校处理等方式。其实在冲突事情发生后，大多数学生的心理会很敏感、很脆弱，也很懊悔，如果再找家长和学校去刺激他们，很容易产生更坏的结果。事情发生后，不要急于采取行动，而要静下心来想一想：为什么会发生冲突事情？发生冲突后会产生什么样的后果？如果我是学生，为什么做违背校规、校纪的事？这样处理我会怎么想、怎么做？只有充分了解学生的内心世界，才能把问题解决好。

放下老师的架子，让学生把你当作帮助他的朋友。在批评"问题"学生时尽量把他看成一个独立的个体，多建议他应该怎样去想、怎样去做，而不是摆老师的架子命令他必须得去做，这样可以减少学生的逆反心理，建立良好的师生互动关系。

尊重理解学生，给学生自尊。班主任在批评"问题"学生时要注意：尽量在私下进行，不要讽刺、挖苦学生，更不能体罚。

5. 怎样有效地开展活动？

班级活动主要有如下常见形式：系列性主题班会、知识性班级活动、节日性班级活动、教育性班级活动、及时性班级活动、团体心理辅导班级活动。

设计班级活动需要遵循哪些原则：

（1）目的性原则。

每次班级活动要主题鲜明、目的明确，要富有深刻的教育意义，特别要突出思想品德、社会道德、树立理想等方面的教育，明确为什么开展此项活动，开展此项活动要让学生受到哪些方面的教育。

（2）时代性原则。

每次班级活动要紧扣社会、紧扣教育改革，要抓住时代脉搏，抓住时代特色，贴近学生生活，接近社会，使活动不出现"空洞"现象。

（3）自主性原则。

每次活动从开始到结束，都要尽可能地让每一个学生参与进来，并且能在活动中发挥自己的主观能动性。活动中，学生是主体，从头至尾他们都在"动"，"动眼、动手、动口"，再到"动脑""动心"，然后完成从外在肢体感触到内在情感体验的转化，只有通过活动在情感、思想上碰撞出火花，才能实现真正意义上的教育。学生没有主动参与，没有情感撞击的"空对空"的教育是很难实现的。

（4）趣味性原则。

学生天真活泼，好奇爱动，班主任要在活动的"趣"上做文章。这就要求班主任老师在设计活动前，必须让活动的内容与形式适合学生的年龄需要、心理特点。唯有如此，才能抓住学生的兴趣点，使他们自然而然地投入到活动中来。

五、组织实施：

1. 加强领导。学生处要设立专门的干部负责《班主任常规工作指南的学习和培训》。

2. 加强学习和培养。每学期开学要进行集体讲解学习，新教师任班主任要进行集体学习，班主任工作暂时落后的要进行帮扶学习，每学期要进行主题研讨学习。

3. 加强检查和评价。全体班主任在开学第二周要进行一次《每日、每周常规工作12条》默写考核，新教师任班主任每月要进行一次《每日、每周常规工作12条》默写考核，班主任工作暂时落后的要及时进行《每日、每周常规工作12条》默写考核。

4. 加强完善和优化。不断听取一线班主任意见，定期进行修改、完善。

第三章
班级管理之"法"：
班主任管理实战案例

第三章 班级管理之"法"：班主任管理实战案例

班级管理中的卡耐基原则

在班主任的日常工作中，如何有效管理班级、如何建立良好的师生关系、如何激发学生的内在动力，是每一位教育工作者都需要深入思考的问题。在这个过程中，卡耐基的人际交往原则为我们提供了宝贵的启示。

原则一：不批评、不责备、不抱怨

在班级管理中，批评、责备和抱怨往往成为我们处理学生问题时的常见方式。然而，卡耐基告诉我们，这种方式不仅不会改变事实，反而会招致学生的愤恨和反感。因此，我们需要转变思维方式，尝试从另一个角度去了解和处理问题。

首先，当学生出现问题时，我们应该先冷静下来，尽量去了解事件背后的原因。每个学生都是独立的个体，他们的行为背后往往隐藏着复杂的心理动机。如果我们只是简单地责备和批评，很容易忽视这些深层次的原因，从而无法从根本上解决问题。相反，如果我们能够设身处地地去想：他为什么要这样做？是不是有什么特殊的原因或困扰？这样我们就能够更加全面地了解问题，找到更合适的解决方案。

其次，我们应该尝试用间接的方式指出学生的错误。直接批评往往会让学生感到尴尬和羞愧，从而产生抵触情绪。而如果我们能够用提问的方式引导学生认识到自己的错误，让他们自己提出解决方案，那么学生就会更容易接受并改正。例如，当学生忘记带作业时，我们可以问："你觉得忘记带作业会对你的学习产生什么影响呢？你有什么办法可以避免这种情况再次发生吗？"这样的问题能够让学生主动思考自己的行为，从而更加积极地改正错误。

最后，我们需要培养善解人意和宽恕他人的品质。在班级管理中，我们难免会遇到一些性格特殊或行为偏激的学生。对于这些学生，我们需要更多的耐心和理解。我们要相信每个学生都有改变的可能，只要我们给予他们足够的关爱和支持，他们就能够逐渐变得更好。同时，我们也要学会宽恕他人的错误，不要因为一时的冲动而伤害了学生的心灵。

原则二：衷心让他人觉得他很重要

在班级中，每个学生都希望得到老师的关注和认可。如果我们能够让学生感受到自己在班级中的重要性，那么他们就会更加积极地参与班级活动，更加努力地学习。因此，我们需要采取一些措施来让学生感受到自己的价值。

首先，我们要确保每个学生都有机会展示自己的才能和特长。在班级活动中，我们可以设置各种角色和任务，让每个学生都有机会参与其中。例如，在班会课上，我们可以邀请学生担任主持人、演讲者、表演者等角色；在课堂上，我们可以设计各种小组活动，让学生共同完成任务。这样就能够让每个学生都有机会展示自己的才能和特长，从而增强他们的自信心和归属感。

其次，我们要关注每个学生的成长和进步。每个学生都有自己的优点和不足，我们需要关注他们的成长过程，及时给予肯定和鼓励。当学生取得进步时，我们要及时表扬他们；当学生遇到困难时，我们要给予帮助和支持。这样就能够让学生感受到我们的关注和关爱，从而更加努力地学习。

最后，我们要尊重每个学生的个性和差异。每个学生都是独特的个体，他们有着不同的性格、兴趣和能力，我们需要尊重他们的个性和差异，不要试图将他们塑造成一个模子。相反，我们应该根据每个学生的特点制定不同的教育方案，帮助他们实现个性化发展。

原则三：给予真诚的赞赏——坚持正面教育

赞赏是激发学生内在动力的重要手段之一。当我们给予学生真诚的赞赏时，他们就会感受到自己的价值和成就感，从而更加努力地学习。因此，在班级管理中，我们需要坚持正面教育，给予学生足够的赞赏和鼓励。

首先，我们要善于发现学生的优点和潜力。每个学生都有自己独特的优点和潜力，我们需要用心去发现它们。当我们发现学生的优点时，要及时给予肯定和表扬；当我们发现学生的潜力时，要给予他们足够的鼓励和支持。这样就能够让学生感受到自己的价值和能力，从而更加自信地面对学习和生活。

其次，我们要用具体的事例来展示学生的优点。当我们表扬学生时，要尽量用具体的事例来说明他们的优点和成就。例如，我们可以说："你在这次考试中取得了很大的进步，特别是你的作文写得非常出色，表述清晰、逻辑严密。"这样的表扬能够让学生更加清晰地认识到自己的优点和成就，从而更加珍惜和发扬它们。

最后，我们要注意赞赏的方式和语气。赞赏时要真诚、自然、具体，不要过于夸张或虚假。同时，我们也要根据学生的年龄和性格特点选择合适的赞赏方式。例如，对于年龄较小的学生，我们可以用更直接、更生动的语言来表达赞赏；对于年龄较大的学生，我们可以采用更含蓄、更委婉的方式来表达赞赏。

总之，在班级管理中运用卡耐基原则是非常有效的。通过不批评、不责备、不抱怨，衷心让他人觉得他很重要，给予真诚的赞赏——坚持正面教育等方式，我们可以建立良好的师生关系，激发学生的学习动力，促进学生的全面发展。在未来的教育实践中，我将继续探索和实践这些原则，为培养更多优秀的人才贡献自己的力量。

如何打造一节优秀的主题班会课

班会课是学校德育工作的主阵地，是班主任加强班级建设的重要抓手之一。班会课作为学校教育体系中的一项重要活动，承载着培养学生思想品德、提升学生综合素质的重要使命。然而，在现实中，很多班会课往往被简单地处理为班级事务的传达或是对学生的批评教育的场所，这样的班会课不仅缺乏感染力，更难以发挥其在学生教育中应有的作用。因此，打造一节优秀的主题班会课显得尤为重要。

一、提高对班会课的认识与定位

我们需要明确班会课在学生教育中的重要地位。班会课不仅是学生思想与品德教育的主阵地，更是展现班主任个人才华、形成个人教育哲学的最佳课堂。它不仅仅是一节普通的课程，更是一个对学生进行全面教育的平台。因此，我们必须摒弃将班会课简单处理为班级事务传达或批评教育的做法，而是将其作为一个富有感染力和教育意义的课堂来精心打造。

二、遵循班会课的基本思路与策略

一节优秀的主题班会课，一定是科学的、符合教育学、心理学以及学生身心成长和发展规律的，当然也有一些基本的思路与策略。首先，班会课应该主题化，即每次班会课都应该围绕一个明确的主题展开，这样可以使班会课更加有针对性和实效性。其次，主题应该系列化，即同一主题可以分多次班会课进行深入的探讨和体验，这样可以使学生对这个主题有更深入的理解和认识。再次，教育应该课程化，即班会课应该按照课程的标准和要求进行设计和实施，这样可以确保班会课的质量和效果。最后，形式应该多样化，即班会课可以采用多种形式进行，如讨论、表演、叙事等，这样可以激发学生的学习兴趣和参与度。

三、学会根据不同教育目标选择不同的主题班会课类型

在打造一节优秀的主题班会课时，我们需要根据不同的主题选择合适的班会

类型。常见的主题班会类型包括体验型、讨论型、表演型、叙事型和综合型。体验型班会是通过对一个主题的深入体验，使学生达到对这个主题的深入理解；讨论型班会则是对一个问题进行深入的讨论，激发学生的思考能力和表达能力；表演型班会是结合实际事件或情境组织表演活动、节目演出，让学生在表演中感受主题；叙事型班会是通过一个事件、故事的讲述调动大家对这个故事的体验，唤起大家的共鸣；综合型班会则是一种综合性的班会类型，可以根据需要综合运用多种班会形式。

四、班会主题的选择有策略

在选择班会主题时，我们需要考虑以下几个方面。首先，我们可以根据学生的学习生活、思想动态确定班会主题。这样可以使学生更加关注自己的学习和生活，增强班会课的针对性和实效性。其次，我们可以根据节令、纪念日等确定班会主题。这样可以结合学生的生活经验和社会热点，使班会课更加具有时代感和现实意义。再次，我们可以根据突发事件、时事热点确定主题班会。这样可以使学生更加关注社会现实和时事政治，增强他们的社会责任感和公民意识。此外，我们还可以选择缓解同学们误解、为班级做出贡献、解决同学们烦恼等主题来开展班会课。

五、主题班会设计有要求

在主题班会教学设计过程中，我们需要明确班会课的基本信息，包括班级、地点、时间、活动对象等。同时，我们还需要对班会背景进行深入的分析和了解，明确班会的目的和形式。在班会准备方面，我们需要提前准备好所需的材料、设备、场地等，确保班会课的顺利进行。在班会效果方面，我们需要对班会课的效果进行及时的评估和总结，以便对今后的班会课进行改进和提升。

在班会课教学实施方面，我们需要根据班会主题和类型选择合适的教学流程安排。例如，在体验型班会中，我们可以先通过一段视频或图片引入主题，然后组织学生进行相关的体验活动，最后进行总结和分享；在讨论型班会中，我们可以先提出一个问题或话题，然后组织学生进行分组讨论，最后进行全班交流和总结。

六、打造富有情感和感染力的班会课

主题班会课不但要突出和落实教育主题，还需要注意让课堂富有情感和感染

力。首先，我们需要用心设计班会课的内容和形式，使其更加贴近学生的生活和兴趣点，激发他们的参与热情。其次，我们需要注重班会课的情感表达和交流，让学生在班会课中感受到温暖和关爱，增强他们的归属感和集体荣誉感。最后，我们需要注重班会课的实效性和可持续性，让学生在班会课中真正受益并能够将所学应用到实际生活中去。

总之，打造一节优秀的主题班会课需要我们提高对班会课的认识与定位、遵循基本的思路与策略、选择合适的班会类型、精心选择班会主题并注重班会课的备课和实效性。只有这样，我们才能打造出一节富有情感和感染力的班会课，让学生在其中得到真正的成长和收获。

附：中学主题班会课程方案

一、目的和意义：

主题班会是班级教育活动的重要形式，是班主任进行班级教育和管理工作的主阵地，是班主任专业提升和发展非常重要的途径。为进一步提升主题班会的质量和水平，增强主题班会课和德育教育的有效性，推进班主任队伍建设和发展，特制订本方案。

二、基本原则：

1. 坚持正确方向。高举中国特色社会主义伟大旗帜，围绕立德树人根本任务，以社会主义核心价值观和中学生核心素养为核心。

2. 坚持系统规划。根据社会需要和学生发展需要，学校做好顶层设计，做好系统全面规划。

3. 坚持遵循规律。各学段、各年级围绕主题，结合年级实际制订计划，有针对性地开展主题班会。

4. 坚持常态开展。确立主题班会公开课制度，常态化开展主题班会。

三、主题规划：

1. 品格培养篇：

（1）懂得感恩，家国情怀

（2）诚实谦虚，仁爱宽容

（3）自驱自律，学会求助

（4）正直勇敢，责任担当

（5）团结合作，拼搏创新

2. 行为习惯篇：

（1）品位高雅，举止文明

（2）学会倾听，积极主动

（3）安静有时，动静相宜

（4）远离手机，远离早恋

（5）打败拖拉，远离磨蹭

3. 安全健康篇：

（1）清爽干净，卫生健康

（2）遵守规则，安全有序

（3）珍爱生命，珍爱自我

（4）预防溺水，安全待火

（5）拥抱友好，远离暴力

4. 情感能力篇：

（1）学会欣赏，学会赞美

（2）珍惜朋友，击败"敌人"

（3）战胜挫折，笑迎一切

（4）走出舒适，突破自我

（5）学会沟通，善于交流

5. 学习能力篇：

（1）及时复习，积极提问

（2）抵制诱惑，学会专注

（3）合理分配，高效利用

（4）自主研究，专项突破

（5）一张一弛，减压增效

6. 综合素养篇：

（1）学会阅读，学会运动

（2）自主管理，领袖担当

（3）志愿服务，奉献社会

（4）实践科创，成就未来

（5）歌唱自我，飞扬青春

五、组织实施：

1. 成立专项工作小组。

2. 建立、规划、落实主题班会公开课制度。

以年级为单位，每位班主任每学期上一次主题班会公开课。参加工作后，担任班主任工作年限少于5年的班主任每学期上一次主题班会汇报课。每年学校举行一次大型主题班会公开课研讨活动。

3. 深入开展主题班会课教研活动。

邀请专家进校园开展主题班会公开课专题讲座；开展如何上好主题班会课沙龙或论坛活动；开展主题班会课同课异构活动；每次主题班会公开课后进行集中评课；每次主题班会公开课后面向学生和老师进行问卷调研；定期向全体学生进行问卷调查，了解学生需求，确立主题班会课主题。

4. 加强制度保障。

切实减轻班主任教学任务，将主题班会课按2倍课时纳入教学工作量。

5. 加强完善和优化现有班会方案。

新手班主任如何上好班会课

昨天笔者在学校餐厅用餐，遇到本科组一位刚参加工作不久的年轻老师，问他最近忙什么。年轻人一脸苦恼，说自己正在为准备班会课而发愁。的确，班会课是德育工作的主阵地，也是班主任班级管理的重要一环。一节好的班会课是班级管理的发动机、学生学习的加油站，如何上好一节直入人心、打动学生、效果良好的班会课，是每个班主任都要面临的问题。下面，我就结合自己多年的德育工作经验，谈一些自己的想法。

身为班主任，先要明确班会课的导向，即衡量一节班会课成功与否，不在于形式是否新颖，而在于有没有取得良好的教育效果。所以，班会课的重心不在于想方设法创新形式，更不在于眼花缭乱、热闹非凡的课堂活动，而在于想方设法触动心灵，让学生在这个过程中成长。为了达到这个目的，可以尝试采用以下几种方法：

（一）巧用素材引共鸣

"素材"是班会课的原材料，与传统班会课的道理灌输相比，素材的引入更容易激发学生的兴趣。对学生讲"虚心使人进步，骄傲使人落后""天才出于勤奋"这样的道理，不如给学生讲相关的故事。但如何巧妙地讲故事，讲好故事，讲有吸引力、有感染力的故事，是一件非常需要教育智慧的工作。所以，教师要注意对故事进行筛选。比如，可以尝试把影视热点转化为教育素材，更容易激发学生的兴趣，引发学生的共鸣。通过文化作品素材和人物语言，激励学生默默地为自己"攒人品"。好的素材有：电影《肖申克的救赎》讲坚持的意义，电影《横空出世》培养家国情怀等。

（二）借用活动触感悟

每一扇心门都是由内而外打开的。所以，另一个有效的思路是引入活动体验，让学生在体验式活动中参与、体悟，进而交流、辨析，最终获得成长。我在当班主任的时候，曾经借助一个主题为"随意"的活动引导学生反思自我。在班会课上，我请每个学生随意找一张纸，叠一只纸飞机。每个人都会叠纸飞机，只是每个人叠的都不同。有的学生随便找一张草稿纸，糊弄一下就完成任务了；有的学生不仅找到了漂亮的纸，而且纸飞机的每一个棱角都叠得整洁分明、整齐匀称，看起来赏心悦目。

然后我又要求学生叠相对复杂的千纸鹤，千纸鹤有人会叠有人不会叠。在不会叠的情况下，有的学生无所事事地坐着，东张西望；有的学生则认真地向别人请教或自己主动尝试。活动结束后，针对叠纸飞机环节，我的问题是："叠纸飞机时，你对自己作品的期待是什么？看一看自己的作品，再看一看别人的作品，反思一下，你在以什么标准对待自己面临的任务？"

全班学生讨论后，得出共识：做事有两个标准，一个是外在的要求，一个是内心对自己的期待。在没有外在要求的情况下，一个人的作品质量实际上是自己内在期待的体现。有的学生对自己要求太低甚至没有要求，随意应付，最终可能连自己都对自己的作品不满意；有的学生对自己有较高的期待，高标准地完成了任务，最终对自己的作品非常满意。

我总结说："你内在对自己的要求怎么样，决定了你会成为一个怎样的人。"

针对叠千纸鹤环节，我的问题是："面对不会叠的千纸鹤，有人选择无所事事、东张西望，有人选择主动学习、自己尝试，这两种表现给了你什么启发？"

全班学生讨论后，得出共识："面对自己不懂或不擅长的事情，有人被动等待，有人主动探索，没有等出来的美好结果，只有奋斗出来的幸福生活。"类似的体验式活动还有许多，每一个活动都是一次快乐参与的旅程，也是一场精神成长的盛宴。

（三）活用体验促成长

教育家陶行知说"生活即教育，社会即学校"。在我看来，创意班会课的另一个思路是回归生活，把学校教育与日常生活的体验结合起来，让学生在生活中、社会中接受教育，从而获得成长。几乎每个班主任都会对学生进行"珍惜生命"

的教育，那么，如何将这一主题与现实生活联系起来，上一节既有创意又有实效的主题班会课？我当班主任的时候，曾经将全班学生分成四组，分别回到生活中做小组采访：第一组采访怀孕中的准妈妈们，了解她们的生活细节（不敢生病，生病了不敢打点滴等）、对胎儿的紧张（每天数胎动）和期待（与未出世的宝宝对话）；第二组采访产房外新生儿的亲人，感受他们对新生命到来的欢喜；第三组采访交通警察，关注交通事故中过世人员的家属，感受生命的脆弱和失去亲人的痛苦；第四组采访70岁以上的老人，了解他们关于人生的感悟，感受生命的价值。

采访完毕后，每个小组把采访的结果图文并茂地在班会课上呈现，这一活动不仅深深地打动了每一个学生，也打动了来参加班会课的家长，许多学生和家长泪流满面，相拥而泣。

类似的教育活动方式多种多样。比如禁毒教育，可以与禁毒所联系，通过对吸毒人员和家属的采访，让学生了解吸毒的痛苦和危害，邀请禁毒警察介绍如何远离毒品……这样的教育一定比干巴巴地说教更实在，更生动，也更有实效。

当然，班会课的思路还有许多，不管思路如何创新，形式如何变换，其基本原理是相通的：成长的过程是成长主体的自我建构过程，告诉学生什么并不重要，重要的是学生内心认同什么。因此，只有想方设法触动学生的心灵，获得学生的内心认同，教育才能真正被学生所接纳，才能真正帮助学生实现成长。从这个意义上讲，一节好的班会课，就是一场触动心灵、触发成长的旅程。

中途接任班主任怎么快速融入新班级

非起始年级接手班主任，或学期中途由于学校工作调整临时接任班主任，是中小学常见的工作安排。但中途接手比起新组建班级而言所要面临的挑战与压力更加艰巨。尤其是在学生已经对原班主任产生深厚感情，不支持甚至不配合新班主任工作的情况下，如何快速赢得学生的信任与支持，根据个人的摸索与实践，笔者有以下心得体会。

一、理解现状，明确挑战

中途新接手班级时，首先面临的就是学生对原班主任的深深眷恋。这种情感是纯粹而真挚的，也是对这个班级开展工作的最大"障碍"。要打破这种局面，必须深入了解原班主任被调任的原因，以及他受欢迎的原因。通过与其他教师的交流，可以了解到原班主任以他的真诚、关爱和独特的教学方式赢得了学生的爱戴。由此可以借鉴，要想让学生接受，新班主任就必须展现出同样甚至更多的真诚和关爱，并努力解决他们面临的问题。

二、放低姿态，真诚沟通

为了与学生建立联系，可以采取放低姿态的策略。主动找到学生，与他们进行真诚的交流，了解他们的想法和感受。让学生知道并深切感受到，我很尊重原班主任的工作，也理解学生对原班主任的深厚感情。但同时也希望学生能够理解，作为新的班主任，我会尽我所能，为他们提供更好的教育和服务。在与学生交流的过程中，我注意倾听他们的声音，尊重他们的意见，让他们感受到我的真诚和关爱。

当然，新班主任也可以积极与原班主任进行沟通。先向原班主任表达学生对他的惦念和感情，突出他带班的优点和强项，再请教班级的情况，了解他的教育理念和方法。这种尊重和接纳的态度，会让后任班主任得到原班主任的支持和帮助，也能让学生看到老师的诚意和努力。

三、吸纳优点，突出亮点

在与学生和原班主任的交流中，要尽可能多地发现、概括和梳理前任班主任的一些独特优点和亮点。例如，他善于用生动的例子来解释抽象的概念，让学生更容易理解；他注重培养学生的自主学习能力，让学生在学习中找到乐趣；他还经常组织一些有趣的活动，让学生在轻松愉快的氛围中学习和成长。

积极吸纳前任班主任的这些优点，并将其融入到具体的工作中可以更好地让学生接纳新任班主任。平时多注重与学生的互动和交流，用生动的例子来解释知识点；多鼓励学生自主学习，让他们在学习中发挥自己的主动性和创造性；根据班上学生的爱好特长及班级存在的问题，多组织有趣又有教育意义的班级活动，让学生在活动中感受到学习的乐趣和成就感。这些做法不仅可以赢得学生的认可和支持，也能让班级的学习氛围变得更加浓厚和活跃。

四、创新管理，凝聚人心

在继承前任班主任优点的基础上，还要注重创新管理，让学生感觉到老师工作有思想、有新意，跟着新班主任一样甚至更加有收获。每个学生都是独一无二的个体，有着不同的性格、兴趣和需求。因此，要切实地把"有教无类、因材施教"的教育理念融入到日常的带班工作实践中，根据学生的不同特点制定不同的教育方案。关注每个学生的学习和成长情况，及时发现他们的优点和不足，并给予相应的指导和帮助。

营造班级文化是增强班级认同感和凝聚力的一大法宝。通过鼓励学生积极参与班级活动，培养他们的集体荣誉感和团队精神。组织有意义的主题班会和丰富多彩的社会实践活动，让学生在活动中感受班级的温暖和力量。这些活动不仅增强学生的凝聚力和向心力，也让学生更加热爱这个班级。

五、加强沟通，建立信任

提升班级凝聚力，营造良好的班级文化，都离不开家长的支持与配合。而彼此的信任是建立良好协作关系的基础。高质量的沟通交流是建立信任和良好家校关系的有效方法。

高质量的沟通一定是有目标和内容的，高质量的沟通一定是能达成共识或成果的，高质量的沟通一定是让联系双方心情平和甚至愉悦的。在本人的工作实践中，与家长的沟通，一般分为陈述事实、表达关切、表明态度、提出要求和亮出底线等几个步骤。与学生的沟通更加突出的是对学生的关爱与共情，努力让学生更多地表达感受和想法，然后一起商量给学生的建议或帮助。

用客观的语言描述班级或学生的表现和问题，用真诚的态度表达个人的关心和期望，充分尊重每个学生的个性和需求，尊重家长的意见和建议，注意倾听他们的声音，了解他们的想法和感受，并尽力为解决困难或问题提供帮助和支持。这种真诚和耐心的态度，能更好地赢得学生和家长的信任与支持，也会让家校、师生的合作更加高效和愉快。

六、持续学习，提升自我

要想得到学生和家长的认可，首先要让自己成为值得信赖和学习的优秀老师，必须不断学习和提升自己的专业素养和教育能力。积极参加各种教育培训和研讨活动，学习先进的教育理念和教学方法。关注教育领域的最新动态和研究成果，不断更新自己的知识储备和教育观念。重视阅读和写作，汲取教育专家、学者或同行前辈的智慧，同时也注重反思和总结自己的工作经验和教训，不断改进自己的工作方法和策略。

总之，中途接手一个班级是一项具有挑战性的工作。但只要我们真诚关爱学生、积极沟通、吸纳优点、创新管理并加强自我学习提升，就一定能够赢得学生的信任和支持，并为学生的成长和发展贡献自己的力量。

走出班主任师生关系的定位误区

古语说：亲其师，信其道。良好的师生关系是落实立德树人根本任务的基础和前提保障。但是，在具体的工作实践中，特别是一些新手班主任，不能很好地把控好师生关系的尺度，容易陷入一些误区。这不仅会影响教育效果，更可能对学生的成长造成不良影响。

一、常见的一些师生关系误区

（一）师道尊严与距离感

师道尊严出自《荀子·致士》："师术有四，而博习不与焉。尊严而惮，可以为师。"其原意指的是老师应该自尊严于律己，他们所传授的道理、知识、技能才能得到尊重。后来，这个成语的含义逐渐演变为强调为师之道的尊贵和庄严。

中国人自古倡导师道尊严，遗憾的是，个别同行把师道尊严误解为高人一等的优越感、捉摸不定的神秘感、只可远观的距离感。因此，会刻意与学生和家长保持距离，认为这样才能保持教师的权威，让学生敬畏，让家长配合。然而，这种做法往往会导致师生关系的淡漠，甚至产生隔阂。

在我看来，师道尊严并非来自学生的距离，而是来自教师的专业素养、高尚品德和对学生的真诚关爱。一个真正有尊严的教师，应该具有高度的责任感和使命感，以身作则，做学生心中的楷模，他们愿意亲近交流的对象。因此，班主任应该主动与学生建立联系，关心他们的学习和生活，了解他们的想法和需求，用真诚和爱心去感染他们，而不是用距离来维护自己的尊严。师道尊严还体现在教师职业道德的坚守上。教师应该遵守职业道德准则，不断提高自身的专业素养和教育能力，为学生提供优质的教育服务。同时，教师也应该关注学生的全面发展，关心学生的身心健康，为学生的成长创造良好的环境和条件。

但是，班主任也应该明白，与学生保持适当的距离是必要的，但这种距离不是冷漠和疏远,而是尊重和独立。我们应该尊重学生的个性差异,鼓励他们独立思考、自主发展;同时,也要让他们明白自己的责任和义务,学会自我管理、自我约束。这样的师生关系,既能够保持教师的权威和尊严,又能够让学生感受到温暖和关爱。

(二)亲近学生与"老好人"

也有些班主任为了赢得学生的信任与好感,增进与学生的关系,过于亲近学生,甚至成了一个"老好人"。他们试图通过与学生打成一片来拉近彼此的距离,会无原则地迁就,甚至当这些学生表现不好或有违纪行为时,碍于各种因素而不敢管,导致班风涣散,带班效果变差,从而又引起学校、家长的不满,有时还会出现班主任被学生"欺负"的极端现象,导致教育工作的被动和困难。

班主任亲近学生是必要的,但并不意味着要放弃原则、无底线地迁就学生。一个优秀的班主任应该能够在亲近学生的同时,坚守自己的教育理念和原则,引导学生树立正确的价值观和人生观。当学生犯错时,班主任应该给予他们适当的批评和引导,帮助他们认识错误、改正错误;同时,也要关注学生的情感需求,给予他们足够的关爱和支持。这样的班主任才能赢得学生的尊重和信任,建立起真正健康、和谐的师生关系。

(三)模糊边界与举止不当

在班主任工作实践中,有时还会出现老师和学生之间的界限感变得模糊不清,从而影响班级建设和班主任形象。比如,有些老师会与学生进行过于私密的交流,甚至介入学生的家庭事务。这种模糊的边界感不仅让教师失去了应有的权威和尊严,也让学生感到无所适从。

其次,当师生边界感模糊时,很容易出现不恰当的举止或言行。这些不恰当的举止或言行可能包括:教师对学生的过分关注,甚至侵犯学生的隐私;教师对学生情感的过度介入,甚至产生师生之间的情感纠葛;教师在课堂上的不当言论,如涉及敏感话题、贬低其他学生或教师等。这些不恰当的举止或言行不仅违背了教师的职业道德和教育规范,也给学生带来了心理上的压力和困扰。他们可能感到被监视、被控制,甚至产生恐惧和不安的情绪。这种不良的教育环境不仅影响学生的学习效果，也对学生的身心健康造成潜在的威胁。

二、关于良好师生关系的几个思考

良好的师生关系是做好班级建设的基础，班主任很重要的一项工作就是营造和处理好师生关系。如何建立良好的师生关系呢？我们首先需要厘清以下几个问题：

（一）从学生视角出发：启迪、引领与陪伴

学生，是教育的主体，他们眼中的班主任，是知识的引路人，是成长的伙伴。对学生而言，最重要的是学生需要班主任启发他们思考、督促他们进步、引领他们成长，这是学生喜欢和评价班主任的基础。我记得有一次，班上有个学生对物理特别感兴趣，但遇到了一个难题，我耐心地与他一起探讨，最终找到了解决之道。那一刻，他的眼中闪烁着光芒，我知道，我不仅是他的老师，更是他成长路上的伙伴。

其次，学生喜欢公平公正、正直厚道、正面积极的班主任。公平公正、正直厚道是我们作为班主任的立身之本。学生需要的是一个可以信赖的引路人，他们的眼睛是雪亮的，能够感受到我们的真诚与善良。在日常管理中，我始终坚持公平公正的原则，不偏袒任何一个学生，也不歧视任何一个学生。这种正直的态度赢得了学生的尊重和信任，也为我们的师生关系奠定坚实的基础。

第三，学生喜欢自信开朗、学识渊博、气质优雅的班主任。作为班主任，我们不仅要传授知识，更要传递一种积极向上的生活态度。要以身作则，时常鼓励学生要自信、勇敢，善于发现和鼓励学生的闪光点。同时，班主任自己也要不断学习，丰富自己的知识储备，用自己的学识和气质去感染学生，让学生感受到知识的魅力和生活的美好。

第四，学生喜欢能倾听学生心声、尊重学生个性、富有创意创新的班主任。这也是我们与学生建立良好关系的桥梁。每个学生都是独一无二的个体，他们有自己的想法和追求，学生之间有差异但没有差距。作为班主任，我们需要用心去倾听他们的心声，尊重他们的个性，鼓励他们大胆创新。只有这样，我们才能真正走进学生的内心世界，与他们建立深厚的情感联系。

（二）从家长视角出发：安全、引领与关爱

家长，是学生的第一任老师，也是班主任的合作伙伴。对家长而言，最看重的是：把孩子交给老师放心。从根本上讲，家长最基本的要求或希望就是班主任能保障孩子在校的健康和安全，不要受到伤害。这不仅是班主任的责任和义务，更是我们对家长的承诺。在日常管理中，要始终坚持安全第一的原则，时刻关注学生的身体状况和心理变化，确保他们在一个安全、健康的环境中学习和成长。

有了健康和安全的保障，大部分家长会首先要求班主任能帮助自己的孩子获得学业和身心的成长。这需要我们深入了解每个孩子的学习情况和兴趣爱好，为他们量身定制合适的学习计划和成长方案。同时，我们也要关注孩子的身心健康，帮助他们建立积极的心态和健康的生活习惯。

之后，家长们关心的就会是班主任能否真诚地关注和关爱自己的孩子。每个学生只是班主任的几十分之一，但对于家长和家庭而言，他们可能就是家长、家庭甚至是家族的全部希望和寄托。需要班主任及时给予真诚、有效地关注和关爱。用心去关注每一个孩子的生活和学习情况，及时给予他们帮助和支持。用爱去温暖他们的心灵，让他们感受到来自师长的温暖和关爱。这对孩子阳光健康地成长非常重要。

一个人可以走得很快，但一群人可以走得更远，更有力量。家长当然也会希望班主任能带领整个班级不断进步。班级是一个整体，只有每个成员都不断进步，整个班级才能取得更好的成绩。作为班主任，我们要发挥自己的领导力和影响力，引导班级成员积极向上、团结协作、共同进步。同时，我们也要关注班级文化的建设和发展，营造一个积极向上、充满活力的班级氛围。

（三）找准和落实好班主任工作的定位

师生关系和谐与否，直接关系到班级建设的成败。准确把握班主任工作的定位，科学、全面地落实好班主任的各项工作职责，才能把班级建设好，把师生关系营造好。

班主任是班级和学生发展的引领者。要根据学生的实际情况和学校的教育目标，制定班级的发展规划和目标。要因材施教、扬长避短地引导学生树立正确的

世界观、人生观和价值观，激发他们的学习热情和创新能力。

　　班主任是学生成长的陪伴者和导师。要时刻关注学生的成长动态，除了关心他们的学习、生活和思想、情感状态，当学生遇到困难和挫折时，班主任还要能及时给予关心和支持，帮助他们走出困境。同时，班主任还要根据学生的特点和需求，提供个性化的指导和建议，帮助他们发挥自己的潜能和优势。在这个过程中，班主任不仅是学生的朋友和伙伴，更是他们的导师和引路人。

　　班主任是班级课程的规划与实施者。课程是学校教育的核心载体，班本课程是班主任建设优秀班集体，高水平育人的重要抓手。课程育人的最大特征是：无论是班级主题教育、团队活动还是实践体验，都不会是跳跃式的、只图有形式或者只关注气氛等浅层次的活动或实践，而是有主题、成系列，并且有育人目标、实施方案、评价反馈、总结提升等比较完整的环节。

　　班主任是班级文化的建设者。班级文化是一个班级的灵魂和特色，班主任作为班级的管理者，要负责班级文化的建设。我们要根据班级的特点和需要，制定班规班纪、班训班歌等班级文化标识，营造积极向上的班级氛围。同时，班主任还要通过组织各种文化活动和比赛，增强学生的集体荣誉感和归属感。在这个过程中，班主任要引导学生树立正确的文化观念和价值观，培养他们的文化素养和审美能力。

　　在教育的道路上，我们每一个班主任都是一名探索者和实践者。在这个岗位上，我们可以引领和见证学生的成长和进步，感受教育的魅力和力量。同时，我们也可以不断提升自己的专业素养和教育能力，建立起真正健康、和谐的师生关系，用爱心和智慧去引领学生走向成功的道路，同时也成就自己的职业幸福。

班主任工作如何获得学生认可

身为教育工作者，面临的学生可能来自五湖四海，成长经历也是各不相同。许多人的内心都会有一个敏感的不愿被触及的角落，而老师为了更好地开展教育工作，有时又不得不去触及这些角落。而如何走进学生内心触及这些角落，就成为一件考验教育智慧的工作。在我的教育实践中，至今仍有一些值得深思和反省的教育故事。

2009年9月，我接手高二某理科班的班主任工作还不到一个月，班级制度还未成型，各项管理工作也没理顺。某天晚自习，我照例巡班，发现有位女生在同前后左右的同学大声说笑，严重影响了他人自习，于是我就提出了警告，该女生当时一脸乖巧的模样，认错态度非常好，当场表示自己一定会安静自习，不影响他人。谁知等到我第二次巡查班级的时候，发现她又在大声说笑，当时我就有一种被学生"欺骗"的感觉，一股怒气涌上心头。我立即把这位女生叫出教室，在走廊上严厉地批评她，这位女生被批评后没有顶嘴，只是不断点头，然后做了一番口头保证后，又若无其事地走回教室。看着她的背影，我感觉这应该是一位比较"棘手"的学生。

这样的同学如果无法进行有效的管理，将会对整个班级产生非常不好的影响。于是，我找到了这位同学高一时候的班主任，向他了解这位同学更多的情况。这位同学在高一时就是纪律不太好的学生，甚至后来还经常在言语上顶撞班主任，更严重的是，这位同学周末经常不回家或者很晚才回家，还屡教不改，非常叛逆，连家长都很头疼。要想管理好这种有点"个性"的同学，就必须走进她的内心。而走进内心，则需要一个良好的契机。于是我借着随后两天批改作业的机会，抓住这个同学在作业上的某个优点，写了几句真心表扬她的话，而被表扬后的该同学明显在我的课堂上积极了一些。当我感觉这位学生不再对我那么排斥之后，就又找了一个晚自习，借着给她讲解错题的机会，郑重向她道歉。很明显，我的道歉让她感受到了尊重，而且开始放下戒备，和我聊了起来。通过聊天，我得知，这位女生的老家在重庆，很小的时候就随父母一起来东莞，由于父母都忙自己的生意，孩子基本都是处于"放养"状态，从小到大，性子都很"野"。到了初中以后，家庭变故，父母离异。父亲为了管教她，又把她送到寄宿制的私立学校。军事化的管理并未让孩子变成父母期待的样子，反而在周围人的影响下变得更加叛逆，用这位女生自己的话讲："我初中三年基本就是跟老师斗智斗勇过来的。"

听完该女生的讲述，我知道我的尊重与关心让孩子对我敞开了心扉，我终于触及她成长过程中的那个敏感角落——父母离异，缺少关爱。我明白这个孩子本性并不坏，只是长期缺乏关爱和尊重，导致性格有点叛逆。正如苏霍姆林斯基所言："教育，这首先是人学。不了解孩子、不了解他的智力发展，他的思维、兴趣、爱好、才能、禀赋、倾向，就谈不上教育。"所以，在接下来的时间，我便努力发掘她在物理学习上的优点，让她感受到来自老师的关心。同时抓住各种机会让她参与班级事务，在为同学们服务的同时增强她的责任感和自信心。当她体会到自己被集体需要，被他人尊重的时候，就逐渐变得自律、自信、开朗起来。而这样一个典型学生的改变，也让我的班级管理工作从此顺手起来，陪着这群孩子以优异的成绩过完了两年高中生活。

转眼间，我走过了二十多年的教育路，但越来越觉得教育的理想和理想的教育有很大一段距离，越来越觉得教育永远在路上。时下，"家校联盟""家庭教育"成为基础教育的时代热词，我们都意识到家庭教育非常重要，而对于那些留守乡村、父母离异、家庭破碎的孩子，如何躬下身子去了解和教育呢？我想，首先就是想办法走进他们的内心，用尊重和关心去温暖他们，触及他们的敏感角落，这应该是教育这些孩子的第一步。

班主任如何与学生友好相处

在教育的殿堂里,班主任的角色至关重要。他们不仅是知识的传授者,更是学生成长道路上的引领者和伙伴。如何与学生建立一种良好的师生关系,成为每一位班主任必须面对和思考的问题。在多年的教育实践中,我深刻体会到,要建立良好的师生关系,关键在于教师的引导、示范和真诚、公正地对待学生。

一、引领与成就

教育是成就人的事业,班主任是学生成长路上的重要他人——导师,学生需要能够引领自己取得成绩和进步的老师。这里的"引领"并非简单的指导或命令,而是一种深层次的启发和激励。每个学生都是独一无二的个体,他们有自己的兴趣、特长和潜力。作为班主任,我们需要深入了解每个学生的特点和需求,为他们量身定制适合的发展路径。

首先,我们要激发学生的学习兴趣。通过丰富多彩的教学活动和实践机会,让学生体验到学习的乐趣和价值。同时,我们还要关注学生的心理健康,为他们提供必要的心理辅导和支持。只有当学生真正热爱学习、享受学习时,他们才能取得更好的成绩和进步。

其次,我们要真心关注学生的全面发展。在传授知识的同时,我们还要注重培养学生的品德、情感和态度。通过组织各种班级活动和社会实践,让学生在实践中学习、成长和进步。这样不仅能够提高学生的综合素质,还能够增强班级的凝聚力和向心力。

二、真诚与理解

实践证明,老师一味讨好学生并不能赢得学生的信任与拥护,一味严厉也只会让学生觉得老师很自私。真正的师生关系应该是建立在真诚和理解的基础之上的。

首先，我们要用真诚的态度对待每一个学生。无论学生的成绩如何、性格如何，我们都要一视同仁、平等对待。我们要关心学生的生活、学习和成长，用心倾听他们的声音和诉求。只有这样，学生才会感受到我们的真诚和关爱，从而愿意与我们建立亲密的关系。

其次，我们要理解学生的需求和困惑。学生在成长过程中会遇到各种各样的问题和困惑，如学习压力、人际关系、家庭矛盾等。作为班主任，我们要耐心倾听学生的心声，理解他们的需求和困惑，为他们提供必要的帮助和支持。同时，我们还要关注学生的情感变化，及时发现并解决学生的心理问题。

三、公正与尊重

真诚、公正是建立良好师生关系的有力法宝。只有公正地对待每一个学生，才能赢得学生的尊重和信任。

首先，我们要公平地评价和对待每一个学生。在评价学生的过程中，我们要注重学生的综合素质和个性特点，避免过分强调分数和成绩。我们要善于发现每个学生的闪光点和优点，并给予及时的肯定和鼓励。同时，我们也要关注学生的不足和缺点，引导他们正确认识并努力改进。

其次，学生之间只有差异没有差距，我们要尊重学生的个性和差异。每个学生都是独一无二的个体，他们有不同的性格、兴趣和潜力。作为班主任，我们要尊重学生的个性差异，不要试图将他们塑造成一个模子。相反，我们应该根据学生的特点和需求制定不同的教育方案，帮助他们实现个性化发展。

四、实践中的策略

在实际工作中，我们可以采取以下策略来建立良好的师生关系：

1.定期开展班会和班级活动，增进师生之间的了解和交流。班会活动可以是主题讨论、才艺展示、心理游戏等多种形式，让学生在轻松愉快的氛围中表达自己的观点和感受。

2.建立学生成长关怀档案，关注每个学生的成长和变化。学生档案可以包括学生的基本信息、学习成绩、心理状况、家庭情况等内容。通过定期更新学生档案，我们可以更好地了解学生的需求和问题，为他们提供更有针对性的帮助和支持。

3.加强与家长的沟通和合作。家长是学生的重要支持者和合作伙伴，他们对学生的成长和发展有着重要的影响。我们要定期与家长联系，了解学生在家中的情况，并向家长介绍学校的教育理念和政策。同时，我们还要鼓励家长参与到学生的教育中来，共同促进学生的成长和进步。

4.不断提升自己的专业素养和教育能力。作为班主任，我们需要具备丰富的教育知识和实践经验，能够为学生提供专业的指导和支持。我们要不断学习新的教育理念和方法，关注教育前沿动态，不断提升自己的专业素养和教育能力。

总之，建立良好的师生关系是班主任工作的重要任务之一。我们要用真诚、公正的态度对待每一个学生，关注他们的成长和变化，为他们提供必要的帮助和支持。同时，我们还要加强与家长的沟通和合作，共同促进学生的成长和进步。只有这样，我们才能建立起一种健康、和谐、亲密的师生关系，为学生的成长和发展奠定坚实的基础。

如何制定班级发展规划

一个精心制定的班级发展规划，不仅能为班级发展指明方向，更能激发学生的潜力，培养他们的团队合作精神和创新能力。在教育的道路上，班级发展规划如同指南针，引领着学生与教师共同前行，追求更高的教育目标。

一、提高班级规划的定位

班级发展规划是班级发展的顶层设计，它承载着班级的共同愿景和期望。一份好的班级发展规划能够帮助学生明确学习目标，激发学习动力，促进个人成长；同时，它也能帮助教师更好地组织教学活动，提高教学效率，形成良好的班级氛围。因此，制定一份科学、合理的班级发展规划至关重要。

二、把握班级规划的基本要求

教无定法，但教育有章法。一份好的班级发展规划至少具备两个方面的基本要求：

1. 目标明确：班级发展规划的首要任务是明确目标。

这些目标应该具体、可衡量，能够让学生在实现过程中感受到自己的进步和成长。同时，目标也要具有挑战性，能够激发学生的潜力和斗志。

2. 思路清晰：班级发展规划需要有一个清晰的思路。

我们要明确什么时间做什么事情，达成什么目标，以及怎么做。这样的规划能够帮助学生和教师有条不紊地开展工作，避免盲目性和随意性。

三、班级发展规划的"721"原则

所谓班级发展规划的721原则，是指在一份发展规划中，要用70%的常规工作，突出和保障20%的重点工作，同时还要做好10%的风险控制。721原则就是让我们建立从常规思考到核心思考的习惯。

首先，70%的常规内容是我们班级发展的基础。这包括了日常的教学管理、学生的行为规范、课程安排等。这些内容虽然看似琐碎，但却是班级稳定运行的保障。没有这些基础性的工作，任何创新和发展都将无从谈起。

然而，仅仅满足于常规内容是远远不够的。在721原则中，20%的核心目标才是我们真正需要关注和努力的方向。这20%的核心目标应该围绕班级的核心目标、学生的长远发展以及教育教学的创新等方面来设定。在制定这些目标时，我们需要先思考这20%，明确我们的方向和目标，然后再根据这些目标来安排剩下的70%。这样的思考逻辑能够确保我们的工作始终围绕着核心目标展开，避免偏离方向。

当然，在实施过程中，我们往往需要从70%的常规内容开始做起。这是因为常规内容是基础，只有打好基础，才能更好地实现核心目标。但即使如此，我们也不能忘记那20%的核心目标，要始终将其视作我们工作的核心和灵魂。

最后，10%的未知风险是我们无法避免的。在制定班级发展规划时，我们需要尽可能地预测和评估可能出现的风险，并制定相应的应对措施。但同时，我们也不能在不确定性上花费太多的精力，因为过度关注风险可能会让我们失去前进的动力和勇气。

四、班级规划的内容构成

（一）班级发展理念

班级发展理念是班级文化的核心，它决定了班级的发展方向和氛围。在制定班级发展规划时，我们要明确班级的发展理念，如"团结、进取、创新、卓越"等。这些理念能够激发学生积极向上的精神风貌，培养他们的集体荣誉感和团队精神。

（二）班级情况分析

班级情况分析是制定班级发展规划的基础。我们要对班级的现状进行深入的了解和分析，包括师生的基本情况、优点和不足、需要解决的问题等。通过这些分析，我们能够更准确地把握班级的发展需求和方向。

（三）班级奋斗目标

班级奋斗目标是班级发展的具体目标。我们要根据班级情况分析的结果，制定短期、中期和长期的奋斗目标。这些目标应该具有可衡量性、挑战性和激励性，能够激发学生的积极性和创造力。例如，我们可以将"书香班级"作为中期目标，通过引导学生多读书、读好书来提升学生的文化素养和阅读能力。

（四）班级工作规划

班级工作规划是实现班级奋斗目标的具体方法和措施。我们要根据班级奋斗目标的要求，制订详细的工作计划，包括时间安排、任务分配、资源保障等。同时，我们还要注重工作计划的可行性，确保计划能够得到有效实施。在班级工作规划中，我们还可以设计一些具有特色的班级活动，如主题班会、文化节、运动会等，以丰富学生的学习生活和提高他们的综合素质。

（五）评价反馈提升

评价反馈提升是班级发展规划的重要环节。我们要定期对班级工作进行评价和反馈，及时发现问题和不足并进行改进。同时，我们还要注重总结经验教训，为下一步工作提供参考和借鉴。通过评价反馈提升的过程，我们能够不断完善班级发展规划，提高班级管理的水平和效果。

五、制定班级发展规划需要注意的事项

广泛征求意见：在制定班级发展规划时，我们要广泛征求师生的意见和建议，充分发挥他们的积极性和创造力。通过集思广益，制定出更加符合班级实际和师生需求的发展规划。

注重可行性：班级发展规划要具有可行性，不能脱离实际。我们要充分考虑班级的资源条件、师生能力等因素，制定切实可行的目标和措施。

突出特色：每个班级都有其独特的特点和优势，我们要在制定班级发展规划时突出这些特色和优势，形成独特的班级文化和发展模式。

持续改进：班级发展规划不是一成不变的，我们要根据班级发展的实际情况

和师生需求的变化，不断对规划进行修订和完善，只有这样，我们才能够确保班级发展规划始终与班级发展保持同步。

　　一份科学的、富有指导和实践意义的班级发展规划需要我们付出大量的心血和精力。只要我们始终坚持以学生为中心、以发展为导向的原则，注重实际、注重创新、注重细节、注重落实，就一定能够制定出一份符合班级实际和师生需求的发展规划。让我们携手共进，为班级的发展贡献自己的力量！

第三章 班级管理之"法":班主任管理实战案例

如何制定合理有效的班规

没有规矩不成方圆,制度是任何一个集体、团队有序运作的必要保障。对于班级建设来讲,如果没有一套明确的班级制度来规范大家的行为,班级就会陷入一片混乱之中。那么,怎样制定一套科学合理、行之有效的班规或公约呢?

一、厘清班级制度的功能和定位

制度最基本的功能是保障公序良俗、公平正义和维持公共秩序。因此,班级制度应该像一把尺子,衡量每个学生的行为举止。它告诉学生哪些行为是受到鼓励的,哪些行为是受到限制的。通过明确的制度规定,学生们可以更加清楚地认识到自己的责任和义务,从而自觉遵守纪律,维护班级的和谐稳定。为维护班级的公序良俗、公平正义提供有力的保障。

其次,好的制度还要能保障育人理念落地。班级制度的制定和实施,在很大程度上也体现了班主任的价值观以及班级的理念和文化。班级制度也是传承和弘扬班级文化的重要载体,我们可以将班级的理念、精神、传统等融入制度之中,让学生在遵守制度的过程中感受到班级文化的熏陶和感染。这样的班级制度不仅能够培养学生的文化自觉和文化自信,还能够为班级的发展注入源源不断的活力。另一方面,如班规、公约等班级重大问题的决策过程,不同的决策方式对培养学生的民主意识、激发学生参与集体事务的热情以及学生对班级的主人翁精神和集体荣誉感等会产生明显的区别。如果班主任能够让学生充分发表意见、广泛讨论,让每个学生都有机会参与决策,将会大大激发学生对集体事务参与的热情。同时,经过广泛讨论制定的制度,也会得到大家的认可,执行力必然也会更强。这样的班级制度不仅能够保障班级事务的顺利进行,还能够让学生在参与中感受到班级的主人翁精神和集体荣誉感。

再次,班级制度的执行还要体现人文关怀。在制度执行过程中,我们要关注学生的情感体验，给予他们足够的关爱和支持。例如，在处理学生之间的矛盾纠纷时，我们要注重调解和沟通，让学生感受到班级的温暖和关爱。社会上经常出现的"暴力执法"等负面热点问题，是对班级管理最好的警示。好的制度执行不当也可能会走样，同时还可能成为滋生校园欺凌的温床。如果制度执行过程中出现不公正、不公平的情况，那么就会严重损害学生的积极性和信任感。

二、制定班级制度需要特别注意的几个问题

第一，依法治国、依"法"治校更要依"法"治班。依"法"治班是我们在班级管理中必须坚守的原则。在制定班级制度时，我们必须明确一个前提：所有的班级制度、公约，都不能与国家法规有任何冲突。这是我们制定制度的红线，也是我们对孩子们法治教育的最直观体现。

同时，我们也不能因为追求所谓的"正义"而采用非法的手段。正义是我们追求的目标，但手段必须合法。我们要教育孩子们，维护正义需要通过合法的方式，而不是以暴制暴，以恶制恶。只有这样，我们才能培养出既有正义感又有法治观念的现代公民。比如，最常见的情况，为防止违禁物品入校园，未经学生同意，老师私自搜查学生的宿舍或行李书包等；为帮助学生改正坏习惯，老师没收或损坏学生的手机、游戏机等物品。这些行为的出发点肯定是好的，但做事的方式方法很不可取。

第二，制度不是万能的，制度只在有人监督的时候才发挥作用。我们不能仅仅依靠外部的监督来约束孩子们的行为，当没有人监督的时候，孩子们只能依靠道德和文化的自我约束来规范自己的行为。因此，我们在制定班级制度的同时，也要注重培养孩子们的道德自觉和文化自觉。

如，通过班会、主题教育、榜样引领等，加强孩子们的道德教育和文化教育。让他们明白，遵守制度不仅是为了避免惩罚，更是为了自己的成长和发展。同时，我们也要鼓励孩子们相互监督、相互提醒，形成一种良好的自律氛围。

第三，制度能解决的只是管理方面的问题，解决不了、更不能代替教育的问题。在班级管理中，我们既要注重制度的执行，也要注重教育的引导。因为教育的本质是培养人，而不是管理人。在制定班级制度时，要根据解决班级问题的需要，或者为了解决某些班级不良现象而制定制度，而不能为了要管住某些人来制定制度。

同时，我们也要注重培养学生的自我反思和自我改正的能力。让他们明白，错误并不可怕，可怕的是不愿意承认错误和改正错误。我们要鼓励他们勇敢地面对自己的错误和不足，积极地寻求改进和进步。

第四，对于一些屡教不改的学生，单靠制定一个班规或公约是解决不了问题的，应该从根源上寻找解决办法。一是要解决思想观念的认同问题。我们要深入了解孩子们的内心世界，了解他们的需求和困惑，帮助他们树立正确的价值观和人生观。二是要解决制度或流程设置的科学合理性问题。我们要根据孩子们的实际情况和成长需求，制定更加科学、合理的班级制度和管理流程。

对于班级中出现的一些棘手问题，我们不能仅仅停留在表面的解决上。我们要深入剖析问题的根源，找到解决问题的根本方法。这需要我们具备敏锐的观察力和深入的思考力。例如，当班级中出现一些不良行为时，我们不能只是简单地惩罚学生或者制定更严格的制度，我们要深入了解这些不良行为背后的原因：是家庭环境的影响？还是学生自身的问题？或者是我们教育方法的不足？只有找到了问题的根源，我们才能有针对性地采取措施，从根本上解决问题。

三、班规制定的一般方法

（一）新建班级：拿来主义与智慧解读

当一个新的班级刚刚成立时，面对着一张张陌生的面孔，如何快速建立起一个有序、和谐的班级环境，是每一位班主任都面临的问题。此时，拿来主义不失为一种明智的选择。借鉴别人现有的"制度""公约"，可以让我们站在前人的肩膀上，避免走弯路，更快地找到适合自己的班级管理之路。

然而，拿来主义并非简单地照搬照抄，而是需要我们对制度进行充分的解读。每一个制度都有其背后的教育理念和目标，我们需要深入了解这些制度的设计理念、实施方法和预期效果，才能更好地将其融入我们的班级管理中。同时，我们还需要根据班级的实际情况，对制度进行适当的调整和完善，使其更加符合我们的教育目标和学生的实际需求。

此外，为了确保制度的可行性和有效性，我们还需要设置一个试用期或缓冲区。在此期间，我们可以观察制度在班级中的运行情况，及时发现问题并进行补充和完善。这样不仅可以避免制度在实施过程中出现大的偏差或漏洞，还可以让学生们逐步适应新的班级环境和管理方式。

（二）正常运作的班级：问题导向与民主参与

对于已经正常运作的班级来说，班规的制定通常是一个更加复杂和深入的过程。我们需要从班级的实际出发，针对存在的问题或现象进行深入的分析和研究，明确想要达到的目标或效果。然后，通过广泛征求意见和召开专题会议或主题班会等方式，形成班规的初稿并进行讨论和修改。

在这个过程中，民主参与是至关重要的。我们需要充分尊重学生的意见和建议，让他们成为班规制定的主体和参与者。通过广泛征求意见和召开专题会议或主题班会等方式，我们可以收集到更多的意见和建议，使班规更加贴近学生的实际需求和心理特点。同时，民主参与还可以激发学生的积极性和创造性，让他们更加主动地参与到班级管理中来。

在班规的制定过程中，我们还需要注重目标的明确性和可行性。我们需要明确班规想要达到的目标或效果，并将其具体化、量化。同时，我们还需要考虑班规的可行性，避免制定出过于空泛或难以执行的班规。只有目标明确、切实可行的班规才能更好地指导我们的班级管理工作。

（三）形成规范条文：明确适用期限与要求

经过广泛的讨论和修改后，我们需要将班规形成规范的条文并明确适用期限和要求等。这个过程需要我们的耐心和细心。我们需要将班规的内容进行梳理和整合，使其更加条理清晰、易于理解。同时，我们还需要明确班规的适用期限和要求等，以便学生们更好地遵守和执行。

在形成规范条文的过程中，我们还需要注重条文的简洁明了和易于记忆。过于冗长或复杂的条文容易让学生们感到困惑和反感，不利于班规的执行。因此，我们需要尽量用简洁明了的语言来表达班规的内容和要求，让学生们能够轻松理解和记忆。

（四）适时地检讨与完善：让班规与时俱进

班规的制定并非一劳永逸，而是需要我们不断地进行检讨和完善。随着时间的推移和班级情况的变化，班规中的某些内容可能会变得过时或不再适用。因此，我们需要适时地对班规进行调整和修改，使其始终保持与时俱进的状态。

在调整和修改班规的过程中，我们需要注重经验的总结和反思。我们可以回顾过去一段时间里班规的执行情况，总结其中的经验和教训，并思考如何改进和完善班规。同时，我们还需要关注学生们对班规的反馈和建议，从中获取有价值的信息和启示。

制定班级制度是一项既严肃又充满挑战的工作。我们要在遵守国家法规的前提下，充分尊重学生的意见和建议，注重目标的明确性和可行性，形成规范的条文并明确适用期限和要求等，制定出既科学又合理的班级制度。同时，我们也要注重制度的执行与监督以及教育与引导的结合。只有这样我们才能在班级管理的过程中既保障了公平正义又传递了温情与关爱。

关于学生戒除沉迷手机的引导方法

青少年沉迷手机已经成为全社会关注的热门话题，如何才能有效管理，让孩子远离手机，成为学校和家长日益烦恼的问题。

前段时间，遇到一位高一学生的家长跟我抱怨："孩子一到周末回家就关在自己房间里面玩游戏，为了这件事，和孩子起了无数次冲突，各种方法都试过，但都没什么效果。我很无奈，为了孩子的事，我每天都休息不好，白天还要上班，我真希望这一切没有发生在我身上。"

类似于这位学生家长面临的这种情况并不是个例，未成年人玩手机成瘾已经成为社会关注的话题。有数据显示，76.3%的学生从小学就开始接触网络游戏，中国中小学生智能手机拥有率已经达到近70%。某款一直火爆的游戏总注册用户人数有2亿多，而青少年用户就占一半以上。

如何引导青少年正确健康使用智能手机，如今已成为学校和家长的当务之急。针对这个问题，我结合自身多年的德育工作经验，有以下几点思考。

一、对于父母而言，用陪伴转移孩子对手机的依赖

父母是孩子的第一任老师，父母的言传身教对孩子有重要的引导作用。学校教育是一方面，如果家长能自律，能管好自己，合理安排时间，营造好的家庭氛围，也会帮助孩子养成好习惯。

父母可以采取一些小技巧，比如手机里可以下载一些有益儿童学习的小软件或规定每天玩手机的时间，比如做完作业可以奖励玩手机15分钟，帮做家务可以奖励10分钟。这样既可以调动孩子的积极性，也可以有效控制玩手机的时间。

家长陪伴的时间长些也能有效控制孩子玩手机。比如，家长在孩子放学写完作业后，可以陪孩子散散步、打打羽毛球，或者带孩子逛书店。用阅读带孩子进入更加丰富多彩的世界，可以帮助孩子摆脱对手机的依赖。

二、对于学校而言，用制度规范智能手机的使用

关于学生玩手机问题，之前就有人大代表认为，应规范中小学生在校期间使用手机的行为，甚至全面禁止智能手机进校园。前段时间，教育部也出台了关于不能利用手机给学生布置作业的新规。

我认为，作为一种通信工具，"禁止"手机进校园值得商榷。但政府可以制定相关政策鼓励手机制造商生产"非智能手机"专门供中小学生使用。除此之外，教育部门和学校也要规范教师教育教学行为，避免通过手机微信和 QQ 等方式布置作业，同时避免批改作业的任务交给家长，避免出现"学校减负、社会增负，教师减负、家长增负"等现象。

班上学生总迟到该怎么办

学生迟到问题是学校和班级常见又比较令老师头疼的问题。解决好学生迟到问题，是每个班主任的必修功课之一。每当有学生迟到时，我总是会思考，这背后究竟隐藏着哪些原因？是偶尔的疏忽，还是习惯性地漠视？是班级时间安排的问题，还是学生个人时间规划得不足？

一、迟到问题的根源探寻

首先，我们需要厘清迟到的根源。学生迟到，可能是偶发事件，比如交通堵塞、家庭突发情况等；也可能是长期积累的问题，比如学生对时间观念的淡漠、生活习惯的散漫等。同时，我们还要考虑班级的时间安排是否合理，是否给予学生足够的准备时间。

其次，我们对待迟到的态度也至关重要。是视而不见、听而不闻，任由学生养成不良习惯；还是坚决杜绝，及时纠正，帮助学生建立正确的时间观念和纪律意识？我坚信，后者才是我们作为教育者应有的态度。

二、对症下药，根治迟到现象

（一）学生时间观念差造成迟到

对于这类学生，我们需要深入了解他们的家庭背景、生活习惯等，找出造成迟到的根本原因。有时，学生迟到并非出于恶意，而是由于家庭环境、个人习惯等因素导致的。在这种情况下，我们要积极与家长沟通，共同寻找解决问题的方法。

我们可以采取家访、与身边同学和老师交流等方式，了解学生的具体情况。然后，与学生一起制定改进计划，明确每天起床、吃饭、上学等时间节点，并督促学生按照计划执行。同时，安排身边的同伴或老师帮助学生监督执行情况，及时给予反馈和指导。

在这个过程中，家校合作尤为重要。家长要积极参与孩子的时间管理，帮助孩子养成良好的生活习惯和时间观念。老师则要在学校中加强时间管理教育，让学生明白时间的重要性，学会合理安排时间。

（二）动作缓慢造成的迟到

有些学生迟到是因为动作缓慢，无法在规定时间内完成起床、洗漱、吃早餐等日常活动。对于这类学生，我们可以采取"凡事提前10分钟"的策略，即要求学生在规定时间前10分钟开始准备，以减少因动作缓慢而耽误的时间。

同时，我们还要关注学生的生活自理能力和生活技能的培养。通过组织劳动课、生活技能比赛等活动，让学生学习并掌握一些基本的生活技能，如整理书包、系鞋带、快速穿衣等。这样不仅可以提高学生的生活自理能力，还能让他们在日常生活中更加独立自主。

（三）意外事件造成的迟到

有时，学生迟到是由于意外事件造成的，如交通事故、天气原因等。对于这类情况，我们要多宽容理解，不要过分苛责学生。但也要提醒学生注意安全，提前做好准备，尽量避免类似情况再次发生。

（四）思想上不重视造成迟到

有些学生迟到是因为思想上对时间观念和纪律意识的不重视。他们可能觉得迟到无所谓，或者觉得老师不会在意。对于这类学生，我们要加强思想教育，让他们明白时间的重要性和纪律的严肃性。

我们可以事先与学生议定防范与惩戒措施，明确迟到的后果和惩罚方式。同时，在日常教育中寻找恰当的教育契机，如利用班会、主题教育等活动，引导学生树立正确的价值观和纪律观。此外，我们还要加强与家长的沟通，共同关注学生的思想教育问题，确保学生在家庭和学校中都能够受到良好的教育引导。

三、迟到问题的思考与总结

在处理学生迟到问题的过程中，我深刻体会到教育工作的复杂性和艰巨性。每个学生都是一个独立的个体，他们的家庭背景、性格特点、生活习惯等各不相同。这决定了我们在处理问题时不能一刀切，而要根据具体情况具体分析，采取有针对性的措施。

同时，我也认识到家校合作在解决学生迟到问题中的重要性。家庭是学生成长的第一课堂，家长的教育方式和态度对学生的成长有着至关重要的影响。因此，我们要积极与家长沟通，争取家长的支持和配合，共同为学生的成长创造良好的环境和条件。

此外，我还意识到自己在处理学生迟到问题时的观念和方法还需要不断学习和提高。教育是一个不断发展和变化的过程，我们需要不断更新自己的教育观念和方法，以适应时代的发展和学生的需求。

总之，学生迟到问题是一个需要我们长期关注并努力解决的问题。我们要通过深入了解学生的具体情况，采取有针对性的措施，加强家校合作和自身学习等方式，不断提高自己的教育能力和水平，为学生的成长和发展做出更大的贡献。

如何表扬与批评学生更有效

在教育实践中，表扬与批评是班主任日常工作中的两把利剑。用得得当，能激励学生奋发向上，用得不当，则可能打击学生的自信心，甚至产生逆反心理。因此，如何表扬和批评学生，使其更加有效，是每一位班主任必须深入思考的问题。

一、表扬的艺术：具体、过程、进步与希望

表扬是激发学生积极性和自信心的重要手段。但很多时候，我们的表扬往往过于笼统，缺乏针对性，导致学生无法准确理解我们的意图，从而降低了表扬的效果。因此，有效的表扬应该具备以下几个特点。

（一）表扬具体的行为

当我们在表扬学生时，应该尽可能地描述具体的行为，让学生明确知道自己哪个地方做得好，从而增强他们的自信心。例如，当学生擦窗户擦得特别认真时，我们可以说："你擦窗户擦得真认真，每个边边角角都擦得干干净净，这种细致入微的精神值得大家学习。"这样的表扬既具体又生动，能够让学生深刻感受到自己的优点和长处。

（二）表扬学生努力的过程

有效的表扬不仅关注结果，更关注过程。我们应该注重表扬学生在完成任务过程中所付出的努力和汗水，让他们知道，只要付出努力，就会有收获。例如，当学生完成一篇作文时，我们可以说："我看到你这篇作文写得很用心，每个句子都经过了仔细推敲，这种认真负责的态度值得表扬。"这样的表扬能够让学生感受到自己的努力得到了认可，从而更加珍惜自己的劳动成果。

（三）表扬中告知学生在哪些地方有进步

在表扬学生的同时，我们还可以指出他们在哪些地方取得了进步。这种表扬方式能够让学生更加清晰地认识到自己的成长和进步，从而增强他们的自信心和动力。例如，当学生的数学成绩有所提高时，我们可以说："你这次数学考试进步了很多，尤其是在解题思路和计算准确性方面有了明显的提高，这都是你平时努力学习的结果。"这样的表扬能够让学生看到自己的进步和成就，从而更加努力地学习。

（四）表扬的同时提出一点希望

在表扬学生的同时，我们还可以适当地提出一些希望和建议，引导他们继续努力。这种表扬方式能够让学生感受到我们对他们的期望和信任，从而激发他们的学习热情和动力。例如，当学生取得好成绩时，我们可以说："你这次考得很好，我为你感到骄傲。但是我知道你还有更大的潜力，希望你在接下来的学习中能够继续保持这种良好的状态，争取取得更好的成绩。"这样的表扬不仅能够让学生感受到我们的认可和鼓励，还能够激发他们的上进心和求知欲。

二、批评的智慧：倾听、具体、私密与成长

批评是教育中的必要手段，但如何批评却是一门艺术。过于严厉的批评可能会伤害学生的自尊心和自信心，过于温和的批评则可能无法起到应有的效果。因此，在批评学生时，我们应该注意以下几点：

（一）好的沟通者首先是好的倾听者

在批评学生之前，我们应该先倾听他们的想法和解释。通过倾听，我们可以更全面地了解事情的经过和学生的心理状态，从而更加准确地把握批评的尺度和方式。同时，倾听还能够让学生感受到我们的关注和尊重，从而更加愿意接受我们的批评和建议。

（二）批评的是行为、习惯及后果，不是批评品德、人格

在批评学生时，我们应该针对学生的行为、习惯及后果进行批评，而不是针对他们的品德和人格。因为学生的品德和人格是长期形成的，不是一次两次的批评就能够改变的。我们应该通过批评让学生认识到自己的行为或习惯对他人或自己造成的负面影响，并引导他们积极改正。

（三）表扬要锣鼓齐鸣，批评要春风细雨

表扬时我们可以大声宣扬，让更多的人知道学生的优点和成就；但在批评时，

我们应该尽量用温和的语气和方式，让学生感受到我们的关爱和期望。春风细雨般的批评能够让学生更容易接受我们的建议和意见，从而更加积极地改正自己的错误。

（四）表扬要在公众场合，批评要在私密空间

在表扬学生时，我们可以选择公众场合进行，让更多的人知道学生的优点和成就；但在批评学生时，我们应该尽量选择一个相对私密的空间进行。这样可以避免让学生在众人面前感到尴尬和难堪，同时也能够保护学生的隐私和尊严。

（五）表扬可以"仙女散花"，但批评要一针见血，能助力成长

在表扬学生时，我们可以适当地扩大表扬的范围和对象，让更多的人感受到我们的关爱和认可；但在批评学生时，我们应该语言简洁、有建设性地指出学生的问题所在及改进的建议。同时还要让学生知道，老师为什么会关注到这个问题以及对学生自身成长的意义。这样可以让学生更加清晰地认识到自己的错误和不足，从而更加积极地改正。同时，我们也要避免使用过于严厉或过于笼统的语言进行批评，以免伤害学生的自尊心和自信心。

总之，表扬与批评是班主任工作中的重要环节。只有掌握了表扬与批评的艺术和智慧，我们才能够更好地激发学生的学习积极性和自信心，帮助他们成长为更加优秀的人才。

班干部选拔的艺术与智慧

在教育的世界里，班级是学生学习、成长的重要舞台，而班干部则是这个舞台上不可或缺的角色。他们既是老师的得力助手，又是同学们学习的榜样，更是师生之间的桥梁和纽带。同时，自我领导力是学生成长与发展的重要能力，而班干部工作是培养学生成长的重要方式和途径。因此，班干部的选拔显得尤为重要。本节将结合班主任的实践经验，探讨班干部选拔的艺术与智慧。

一、班干部的定位与作用

班干部在班级中扮演着多重角色，既是学生中的骨干，又是老师的帮手。他们的定位不仅限于学生身份，更是学生中的示范引领者。在功能上，班干部是培养学生成长的一种方式与途径，他们通过自我服务、自我管理、自我教育，不断提升自己的综合素质。

同时，班干部还是师生沟通的桥梁与纽带，他们的存在使得班级更加和谐、有序。在班级建设中，班干部是重要的参与者与推动者，他们通过策划、组织、总结各种活动，推动班级向前发展。

二、班干部的岗位设置与职能

班干部的岗位设置应该根据班级实际情况进行，确保每个岗位都能发挥最大的作用。常见的班干部岗位包括班长、学习委员、纪律委员、文体委员等。每个岗位都有其特定的职能，如班长负责全面协调班级工作，学习委员负责帮助同学们提高学习成绩，纪律委员负责维护班级纪律等。在选拔班干部时，应充分考虑每个学生的特长和兴趣，让他们能够充分发挥自己的优势。

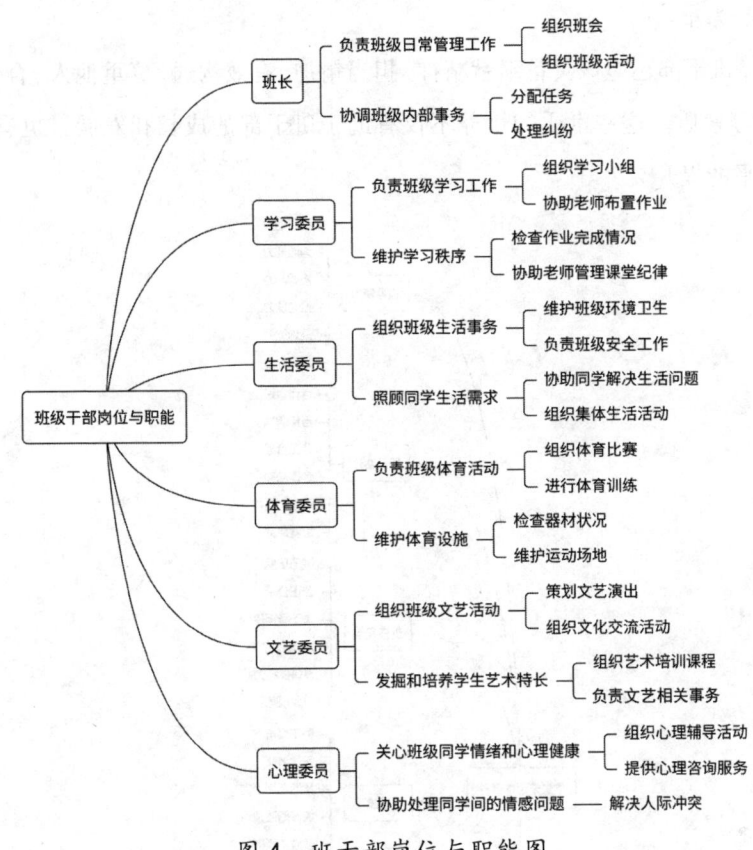

第三章 班级管理之"法":班主任管理实战案例

```
班级干部岗位与职能
├── 班长
│   ├── 负责班级日常管理工作
│   │   ├── 组织班会
│   │   └── 组织班级活动
│   └── 协调班级内部事务
│       ├── 分配任务
│       └── 处理纠纷
├── 学习委员
│   ├── 负责班级学习工作
│   │   ├── 组织学习小组
│   │   └── 协助老师布置作业
│   └── 维护学习秩序
│       ├── 检查作业完成情况
│       └── 协助老师管理课堂纪律
├── 生活委员
│   ├── 组织班级生活事务
│   │   ├── 维护班级环境卫生
│   │   └── 负责班级安全工作
│   └── 照顾同学生活需求
│       ├── 协助同学解决生活问题
│       └── 组织集体生活活动
├── 体育委员
│   ├── 负责班级体育活动
│   │   ├── 组织体育比赛
│   │   └── 进行体育训练
│   └── 维护体育设施
│       ├── 检查器材状况
│       └── 维护运动场地
├── 文艺委员
│   ├── 组织班级文艺活动
│   │   ├── 策划文艺演出
│   │   └── 组织文化交流活动
│   └── 发掘和培养学生艺术特长
│       ├── 组织艺术培训课程
│       └── 负责文艺相关事务
└── 心理委员
    ├── 关心班级同学情绪和心理健康
    │   ├── 组织心理辅导活动
    │   └── 提供心理咨询服务
    └── 协助处理同学间的情感问题 —— 解决人际冲突
```

图 4 班干部岗位与职能图

三、班干部应具备的素质要求

班干部作为班级的核心力量,必须具备一定的素质要求。

首先,他们应该品德好、求上进、能力强。品德好是班干部的基本要求,只有品德优秀的学生才能赢得同学们的信任和尊重;求上进是班干部的动力源泉,只有不断追求进步才能带领班级向前发展;能力强则是班干部的必要条件,只有具备一定的组织协调能力、沟通能力等才能胜任班级管理工作。

其次,班干部还应该有威信而且具备愿意干、能干好等素质。威信是班干部在同学们心中的地位体现,只有具有威信的班干部才能有效地管理班级;愿意干是班干部的工作态度体现,只有愿意为班级付出的学生才能成为优秀的班干部;能干好则是班干部的工作能力体现,只有能够胜任班级管理工作的学生才能成为班级的核心力量。

此外，班干部还应该具备奉献精神、担当精神、有效沟通、尊重他人、合作精神、分享精神等素质。这些素质的培养不仅有助于班干部的成长和发展，也有助于班级整体水平的提升。

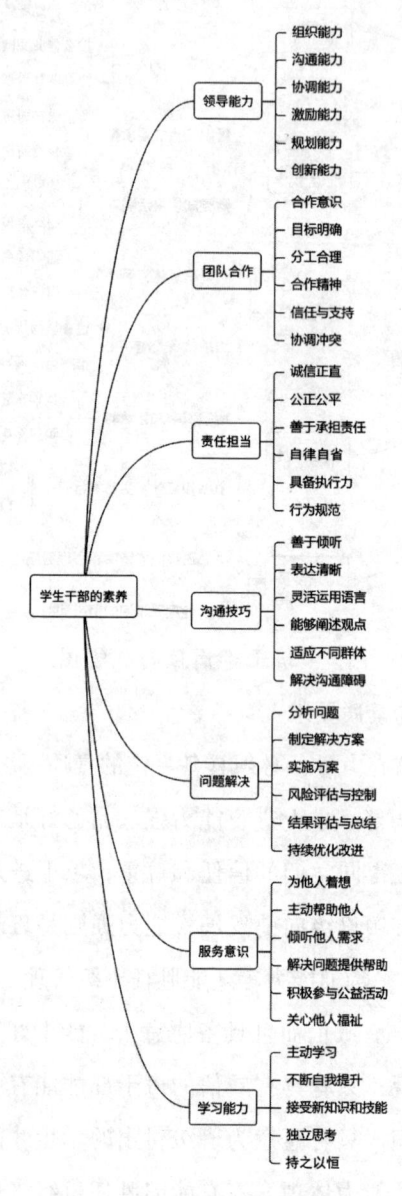

学生干部的素养
- 领导能力
  - 组织能力
  - 沟通能力
  - 协调能力
  - 激励能力
  - 规划能力
  - 创新能力
- 团队合作
  - 合作意识
  - 目标明确
  - 分工合理
  - 合作精神
  - 信任与支持
  - 协调冲突
- 责任担当
  - 诚信正直
  - 公正公平
  - 善于承担责任
  - 自律自省
  - 具备执行力
  - 行为规范
- 沟通技巧
  - 善于倾听
  - 表达清晰
  - 灵活运用语言
  - 能够阐述观点
  - 适应不同群体
  - 解决沟通障碍
- 问题解决
  - 分析问题
  - 制定解决方案
  - 实施方案
  - 风险评估与控制
  - 结果评估与总结
  - 持续优化改进
- 服务意识
  - 为他人着想
  - 主动帮助他人
  - 倾听他人需求
  - 解决问题提供帮助
  - 积极参与公益活动
  - 关心他人福祉
- 学习能力
  - 主动学习
  - 不断自我提升
  - 接受新知识和技能
  - 独立思考
  - 持之以恒

图5 学生干部素养结构图

四、学生干部的选拔原则与方法

在选拔班干部时，应遵循一定的原则和方法。

首先，应坚持民主性原则，广泛征求师生各方的意见，确保选拔过程的公正性和公平性。

其次，应坚持公平性原则，通过公开竞争的方式选拔出优秀的班干部候选人。

同时，还应坚持规范性原则，制定明确的选拔标准和程序，确保选拔过程的规范性和有序性。

此外，还应坚持发展性原则和平衡性原则，以发展的观点看待学生干部的成长和发展，注重性别平衡和优势互补。

在选拔方法上，可以采用老师任命、民主推选、竞选演说、全员轮岗等多种方式。老师任命适用于新组建班级或临时过渡时期；民主推选容易受学生人情关系影响，需要老师进行引导和监督；竞选演说可以展现学生的优势和特长，但容易使学生干部产生个人主义倾向；全员轮岗则可以实现人人有事做、人人有机会的目标，但工作绩效难以保障。

因此，在选拔班干部时，应根据实际情况选择合适的方法，并结合多种方式进行综合考量。

五、比较推荐的班干部选拔方式

在多种选拔方式中，我认为以竞选演说结合选举班干部团队的方式较为理想。首先，通过竞选演说可以展现学生的优势和特长，让同学们更加了解候选人的能力和素质；其次，通过选举班干部团队可以保证学生民主参与的积极性，让同学们感受到自己在班级建设中的责任和使命；最后，通过班主任进行班干部岗位任命可以确保班级管理工作的实效性和针对性。同时，为了保障班干部工作的顺利进行，还可以设置班干部试用期考核和一票否决制度，为班干部工作设置安全缓冲期。

总之，班干部的选拔是一项既需要艺术又需要智慧的工作。作为班主任，我们应该充分了解每个学生的特点和优势，遵循一定的原则和方法进行选拔和培养。只有这样，我们才能选拔出优秀的班干部队伍为班级的发展注入新的活力和动力。

这样培养班干部更得力

在班级管理中，班干部的培养是一项至关重要的任务。他们不仅是老师管理班级的得力助手，更是班级文化的建设者和同学们学习的榜样。因此，如何培养一支优秀的班干部队伍，成了每一位班主任必须面对和解决的问题。

一、培养什么？

在培养班干部的过程中，我们首先要明确培养的目标和内容。具体来说，就是要培养班干部的道德、品格与能力。

（一）培养班干部的道德与品格

班干部的道德与品格是其履行职责的基础。我们首先要培养班干部正确的态度、情感和价值观，让他们认同班级的理念，与班级的目标保持一致。只有具备了良好的道德和品格，班干部才能在工作中以身作则，起到模范带头作用。

在培养班干部的道德与品格时，我们应该特别关注：学生干部的诚信、正直、公正等价值观培养，让班干部在行为上符合这些标准。班干部的责任感和使命感培养，让他们明白自己作为班干部的责任和使命，并愿意为之付出努力。鼓励班干部关心他人、乐于助人，培养他们的同情心和同理心，有助于班干部建立良好的同学关系和更好地开展工作。

（二）培养班干部工作的技能与方法

除了道德和品格外，班干部还需要具备一定的技能和方法，才能更好地履行职责。具体来说，我们可以从以下几个方面进行培养：

领导力：包括自我领导力和团队领导力。班干部需要能够自我激励、自我管理，并能够带领团队共同前进。

执行力：班干部需要具备强大的执行力，能够按照计划和要求完成任务。同时，他们还需要具备学习和适应能力，能够在遇到问题时迅速找到解决办法。

共情力：班干部需要能够换位思考、感同身受，理解同学们的需求和感受，并给予情感支持。这种能力有助于班干部更好地与同学们沟通、合作。

二、怎样培养？

明确了培养的目标和内容后，我们还需要探讨如何培养班干部。

（一）班干部培养的总体原则与基本路径

在培养班干部的过程中，我们需要遵循一定的原则和路径。

总体原则：常规工作制度化、重要工作流程化、利益相关民主化。这有助于确保班级工作的有序进行和民主决策的实现。

基本路径：愿景引领、目标聚焦、规划路径、评价导向、支持保障。这有助于我们明确培养班干部的方向和目标，并制定具体的实施计划。

（二）班干部培养的几大模式：

1. 正面引领

正面引领是培养班干部的重要手段之一。我们可以通过班会、主题教育等形式，向班干部传递正确的价值观和理念，引导他们形成正确的道德观和行为准则。同时，我们还可以邀请优秀班干部分享经验、交流心得，激励其他班干部向他们学习。

2. 榜样激励

榜样激励是培养班干部的有效方法。我们可以选拔一些优秀班干部作为榜样，让他们在班级中起到模范带头作用。这些榜样可以通过自己的言行举止来影响其他同学，传递正能量和积极信息。同时，我们还可以对优秀班干部进行表彰和奖励，以激发他们的工作热情和积极性。

3. 活动育人

活动育人是培养班干部的重要途径。我们可以通过组织各种班级活动来培养班干部的能力和素质。例如，可以组织班干部进行团队建设活动，培养他们的团队协作能力和沟通能力；可以组织班干部参与社会实践活动，培养他们的社会责任感和实践能力；还可以组织班干部进行模拟管理活动，培养他们的领导力和执行力。

（三）班干部培养的几点常规做法

制度化：通过制定例会、日志、团建、分享、论坛、述职等制度，规范班干部的工作流程和行为准则。这有助于确保班干部工作的有序进行和规范化。

课程化：将班干部培养纳入课程化轨道，通过有主题、成系列、常规化的课程来培养班干部的能力和素质。这有助于我们系统地培养班干部的能力和素质。

科学化：完善工作制度、明确办事流程，提高班干部工作的科学性和规范性。同时，我们还可以采用数据分析等方法来评估班干部的工作绩效和效果。

营造文化：通过价值观引领、目标共识、共建共享等方式来营造班级文化，为班干部的培养提供良好的氛围和环境。

最后，我想特别提醒的是，微笑、守规则、谦和、积极向上是良好同学关系的制胜法宝。在培养班干部的过程中，我们要注重培养他们的这些品质和能力，让他们成为班级中的优秀代表和同学们的榜样。只有这样，我们才能培养出一支真正优秀的班干部队伍，为班级的发展和同学们的成长贡献力量。

培养班干部的几个小技巧

在班级管理中，班干部的角色至关重要。他们不仅是老师的得力助手，更是班级凝聚力和团结精神的体现。如何有效地培养班干部，使其能够更好地履行职责，是每一位班主任都需要深思的问题。以下是我总结的几个培养班干部的小技巧，希望能对大家有所启发。

一、目标明确、标准统一、流程规范

在给班干部布置工作时，首先要确保目标明确。这不仅仅是告诉他们要做什么，更要让他们明白为什么要做，以及完成后要达到什么样的效果。同时，标准要统一，避免出现因为理解不同而导致的执行偏差。流程规范则有助于班干部在执行任务时能够有条不紊，减少出错的可能性。

为了确保目标、标准和流程的清晰传达，我们可以采取"重要的事情说三遍"的策略。这不仅仅是一种强调，更是一种对班干部的尊重和信任。同时，我们也要鼓励班干部在遇到问题时主动提出解决方案，这样不仅可以培养他们的独立思考能力，还能增强他们的责任感和使命感。

二、做笔记、问清楚、复述一遍

对于重要的工作任务，我们要提醒班干部做好笔记。这有助于他们在执行任务时能够随时查看，确保不遗漏任何一个细节。同时，我们也要鼓励班干部在接到任务后主动向老师或同学问清楚，确保自己对任务的理解没有偏差。在复述一遍的过程中，班干部不仅能够加深对任务的理解，还能及时发现自己的不足之处，从而进行改正。

这种做笔记、问清楚、复述一遍的方式，不仅有助于班干部更好地完成任务，还能培养他们的沟通能力和团队协作能力。在未来的学习和工作中，这些能力都将是他们宝贵的财富。

三、与同学共情与换位思考

班干部在履行职责时，往往需要与同学们进行沟通和协调。在这个过程中，他们要学会与同学共情和换位思考。这意味着他们要从同学们的角度出发，理解他们的需求和感受，从而更好地与他们沟通。同时，班干部也要学会控制自己的情绪，遇到问题时不要抱怨和啰唆，而是要冷静地分析问题，找出解决方案。

这种共情和换位思考的能力，不仅有助于班干部与同学建立良好的关系，还能增强他们的同理心和人际交往能力。在未来的学习和生活中，这些能力都将对他们产生深远的影响。

四、遇到难事或紧急情况的处理

在班级管理中，难免会遇到一些难事或紧急情况。这时，班干部要保持冷静和镇定，不要慌张和急于反驳，他们要学会宽容和谅解，理解问题的复杂性和多面性。同时，也要及时总结反思，找出问题的根源和解决方案，避免类似问题的再次发生。

在遇到难事或紧急情况时，班干部还要学会示弱。这并不是一种软弱的表现，而是一种智慧和策略。通过示弱，班干部可以激发同学们的同情心和支持意愿，从而得到更多的帮助和支持。这种示弱的能力，不仅有助于班干部更好地应对挑战，还能增强他们的领导力和影响力。

五、学会主动寻求帮助

最后，我们要培养班干部学会主动寻求帮助。在班级管理中，班干部不可能面面俱到，总会遇到一些自己无法解决的问题。这时，他们要学会主动向老师、同学或专业人士寻求帮助。这种寻求帮助的能力，不仅有助于班干部更好地完成任务，还能培养他们的合作精神和团队意识。同时，我们也要让班干部明白，寻求帮助并不是一种无能的表现，而是一种智慧和勇气的体现。

班干部常见的问题与解决方法

在学校的日常管理中，班干部作为老师与同学之间的桥梁，其角色的重要性不言而喻。然而，在实际工作中，班干部常常会遇到各种问题，这些问题不仅影响了他们的个人成长，也对班级的管理和团结带来了挑战。本文将针对班干部常见的问题进行分析，并探讨解决之道。

一、不愿管、不会管、不敢管

这是班干部在工作中经常遇到的问题。有些班干部对管理工作缺乏热情和兴趣，或者因为不知道如何管理而犹豫不决，甚至因为害怕得罪同学而不敢管理。针对这些问题，我们需要从以下几个方面入手：

增强责任意识：班主任应该向班干部强调管理的重要性，让他们明白自己的职责和使命。同时，也要让他们明白，管理不是为了权力，而是为了班级的整体利益。

培训管理技能：班主任可以通过开展培训活动，教授班干部一些基本的管理技能和方法，如何制订计划、如何协调关系、如何处理矛盾等。这样可以帮助班干部更好地履行自己的职责。

做好兜底保障：班主任应该为班干部的工作做好兜底和后勤保障。班干部的班级管理活动，在一定意义上是代表班主任在进行班级建设活动。因此，班主任应该也必须为班干部的工作承担责任和做好支持。多鼓励班干部大胆管理，不要害怕得罪同学。同时，也要教育同学们理解班干部的工作，支持他们的管理。

二、角色错位、距离不当

有些班干部在工作中容易出现角色错位、距离不当的问题。他们可能自视甚高，与同学关系疏远，或者与老师关系过于亲密，导致在班级中失去了公正性和公信力。针对这些问题，我们需要从以下几个方面进行调整：

帮助学生干部明确自己的角色定位：班主任应该帮助班干部明确自己的角色

定位，让他们明白自己既是班级的管理者，也是班级的一员。在管理中要公正、公平，不能偏袒任何一方。

指导学生干部增强与同学的关系：班干部应该积极与同学沟通交流，了解他们的需求和意见，帮助他们解决问题。同时，也要尊重每个同学的个性和差异，避免因为个人喜好而疏远某些同学。

提醒学生干部与老师保持适当距离：班干部在与老师沟通时应该保持适当的距离，既要尊重老师的权威和意见，也要保持自己的独立性和判断力。不要过于依赖老师或者与老师过于亲密，以免在班级中失去公正性和公信力。

三、班干部不服众、人缘差、受排挤

有些班干部在工作中可能会因为各种原因而不受同学欢迎，甚至受到排挤。这可能是由于他们的管理方式不当、个人品质问题或者与同学沟通不畅等原因造成的。针对这些问题，我们需要从以下几个方面进行解决：

了解原因：班主任应该了解班干部不受欢迎的原因，并针对不同的问题采取不同的措施。如果是管理方式不当，可以通过培训来提高班干部的管理能力；如果是个人品质问题，可以通过教育来引导班干部改正错误；如果是与同学沟通不畅，可以帮助班干部学习沟通技巧和方法。

加强团队建设：班主任可以通过开展团队建设活动来增强班干部之间的凝聚力和团队精神。让他们在工作中相互支持、相互帮助，形成合力。

强化学生干部道德和品质培养：班主任应该注重班干部的道德和品质教育，让他们明白没有知识的道德很无力，没有道德的知识很危险。只有具备了良好的道德和品质，才能赢得同学们的尊重和信任。

四、班干部的不良表现

有些班干部在工作中可能会出现一些不良表现，如工作太功利、爱搞小团体、自尊心太强、为人不自律等。针对这些问题，我们需要从以下几个方面进行纠正：

纠正功利心态：班主任应该教育班干部树立正确的价值观和人生观，让他们明白工作不是为了功利而是为了班级的整体利益。同时，也要让他们明白功利的心态会损害自己的形象和公信力。

倡导公正处事：班干部应该秉持公正、公平的原则处理班级事务，避免因为个人喜好或者偏见而偏袒某一方。同时，也要避免搞小团体、拉帮结派等不良行为。

培养抗压能力：班干部在工作中可能会遇到各种挫折和困难，需要具备一定的抗压能力。班主任可以通过开展心理教育、组织压力管理培训等方式来帮助班干部提高抗压能力。

树立自律榜样：班干部应该以身作则、自律自强，成为同学们的榜样和表率。同时，也要接受同学和老师的监督和建议，不断改进自己的不足之处。

总之，班干部的培养和管理是一个长期而复杂的过程。班主任需要耐心细致地引导和教育班干部，帮助他们树立正确的价值观和人生观，提高他们的管理能力和素质水平。只有这样，才能培养出真正优秀的班干部队伍，为班级的发展和同学们的成长贡献力量。

新手班主任如何赢得家长的信任与支持

家校沟通不仅是教育工作的基础，更是促进学生全面发展的重要保障。作为一名新手班主任，面对复杂多变的教育环境和形形色色的学生家庭，如何快速而有效地赢得家长的信任与支持，是工作中必须面对和解决的重要课题。本节结合笔者自身的教育实践，谈一谈新手班主任如何赢得家长的信任与支持。

一、对家校沟通的基本认识和观点

在与家长沟通之前，我们必须明确几个基本的观点。首先，家长和老师都希望学生好，这是我们共同的出发点和目标。其次，问题学生及其家长更需要帮助，他们往往面临着更多的困惑和挑战，需要我们更多的关注和支持。再次，不要等问题处理不了才联系家长，日常的沟通和交流是预防和解决问题的关键。最后，沟通的目标是解决学生遇到的困难和问题，帮助学生成长，而不是发泄不满情绪和投诉。只有明确了这些基本观点，我们才能在家校沟通中保持冷静、理性和有效。

二、建立家校同盟关系的几点建议

（一）保持独立与尊重

作为班主任，我们要保持与家长之间的独立关系，避免发生物质上的往来。这不仅是为了维护教师的职业尊严，更是为了保持家校沟通的纯粹和高效。我们要让家长感受到我们的专业和敬业，而不是功利和势利。同时，我们也要尊重家长的选择和决定，给予他们充分的信任和支持。

（二）平等交流，避免指责

家长是学校教育工作的重要同盟和伙伴，在与家长交流时，我们要避免使用教训的口气指责家长或学生。家长和老师是平等的合作伙伴，我们应该共同为学生的成长努力。当我们发现问题时，应该与家长一起探讨解决方案，而不是单方面地指责或抱怨。同时，我们也要尊重家长的意见和建议，虚心接受他们的批评和指导。

（三）客观评价，避免贬低

在与家长沟通时，我们要客观评价学生的表现和成绩，避免在家长面前贬低学生。即使学生存在一些问题或不足，我们也应该以一种积极、正面的方式与家长沟通，引导他们看到学生的优点和潜力。同时，我们也要关注学生的心理和情绪变化，给予他们充分的关爱和支持。

（四）尊重他人家庭关系，避免介入

在与学生家长沟通时，我们要尊重他们的家庭关系和个人隐私。除非存在明显的违法行为或家庭暴力等危害学生身心健康的行为，否则我们不应该过多地介入家庭事务。我们要保持中立和客观的态度，为学生的成长创造一个和谐、稳定的家庭环境。

三、加强自我提升赢得信任与支持

（一）努力工作，树立榜样

作为班主任，我们要努力工作、认真做人，为学生树立榜样。我们要用自己的行动和言语去影响和感染学生，让他们感受到我们的敬业精神和专业素养。同时，我们也要在网络、朋友圈等社交媒体上积极展示自己的积极向上的形象，为自己赢得更多的信任和支持。

（二）修炼同理心，为家长着想

在与家长沟通时，我们要修炼一颗同理心，多为家长着想。我们要理解家长的担忧和期望，关注他们的需求和问题，给予他们充分的关注和支持。当家长遇到困难和问题时，我们要积极提供帮助和支持，让他们感受到我们的关心和支持。同时，我们也要善于站在家长的立场上去思考问题，用真诚和坦诚的态度与家长沟通。

（三）关注学生进步，及时沟通

在平时的工作中，我们要关注学生的进步和成长，及时与家长沟通。当学生取得进步时，我们要及时表扬和鼓励他们，让他们感受到自己的努力和付出得到了认可。同时，我们也要关注学生在学习、生活等方面的问题和困难，及时与家长沟通并寻求解决方案。这样不仅可以让学生感受到我们的关爱和支持，也可以让家长更加信任和支持我们的工作。

（四）真心实意对学生好

最后但同样重要的是，我们要真心实意地对学生好。一个善意的小举动往往能够赢得家长的好感和信任。比如，在学生立功受奖时给予他们一个小奖励；在学生生病时煲汤送药；在学生需要帮助时伸出援手等等。这些小小的举动虽然微不足道，但却能够让学生和家长感受到我们的真诚和关爱。这样不仅可以增强学生对我们的信任和支持，也可以让家长更加放心地将孩子交给我们。

总的来说，作为一名新手班主任要想赢得家长的信任与支持，需要明确家校沟通的基本观点、建立家校同盟关系以及加强自我提升。只有不断努力和实践，才能成为一名优秀的班主任，为学生和家长提供更好的教育服务。

高中班主任如何开好家长会

家长会是强化家校沟通、提升家校合力育人的主要渠道之一。作为班主任，组织召开班级家长会乃至年级或学校家长会，也是班主任必修的功课和本职的工作。要组织一场高质量的家长会，班主任要关注以下几个方面。

一、高中的家长最关心什么

高中学生的自理能力和自主意识与小学、初中相比都有了明显的提升，已接近成年人的水平。因此，高中家长对学校和孩子关注的重点也会有明显不同。一般来讲，高中家长最关心的问题主要集中在以下几个方面：

（一）孩子的学习成绩

高考是高中学生和家长无可回避的话题。因此，家长普遍关心孩子在学校的学习成绩，包括各科目成绩、排名以及是否有明显的进步或下滑。针对此问题，班主任可以准备详细的成绩单，并分析学生的学习情况，提出具体的学习建议。

（二）孩子的学习状态

家长想了解孩子在学校的学习状态，是否认真听讲、积极参与课堂讨论、按时完成作业等。对于家长和老师来讲，大家更在意的往往是学生的学习态度和表现。只要学生学习态度端正、表现积极上进，家长和老师都能接纳成绩的不完美。因此，班主任可以通过分享课堂照片、学生作业样本等方式，让家长直观了解孩子的学习状态。

（三）班级的教育环境

家长关心班级的教育环境，包括学校和老师的教育理念、班级目标、班级的管理措施，以及班级氛围、师生关系、同学关系等。班主任可以介绍班级的教育理念、管理措施以及班级文化，让家长对班级有更深入的了解。

（四）孩子的身心健康

无论年龄多大，在父母眼里都永远是孩子。尽管孩子已经接近成年，但家长依然会非常关心孩子的身心健康状况，包括饮食、睡眠、运动以及心理健康等。特别是当自家孩子遇到严重身心健康问题时，学习和成绩变为次要问题。因此，班主任可以通过分享学校的体育活动、心理健康课程等相关信息，让家长了解学校在这方面的关注和措施。

二、家长会有哪些形式？

家长会的形式多种多样，根据不同的目的和需要，可以采用不同的形式。以下是几种常见的家长会形式：

（一）发布会形式

主要针对一项或多项主题，以教师讲述和传达为主，家长提问为辅。这种形式常用于学校或班级有重大事项宣布，或学生面临升学、中考、高考等重要考试时的专题讲座。目的是准确、及时地向家长通报学生学习和生活情况或学校的教学情况、变化、日程等。

（二）会演慰问形式

通常由老师组织，学生表演或展示作品，家长参观或鉴赏。这种形式多用于学期末或重要节日前，目的是向家长展示学生的学习成果，增强教师、学生、家长的三方互动和亲近感。

（三）亲子活动形式

主要在共同的活动中增进彼此的交流，常见于幼儿园或小学阶段。目的是通过活动促进家长与学生间的相互了解和沟通。

（四）班级大会形式

是最常见的班会形式，一般是以解决班级建设，班级学生学习与生活问题为重点召开的家长会。通常由班主任主持，重点是展示分享班级理念、文化、真实的日常管理工作与成效，分析班级存在的问题或需要家长关注和配合解决的问题。

目的是让家长及任课教师更全面地了解学生情况，向家长展示班级教育目标、方法及制度，解决班级的一些重要的、共性的问题。

（五）主题沙龙形式

一般是小范围开展，还会根据需要解决、处理的问题邀请专业人士或相关领导参加。是一种互动性强的家长会形式，通常由多位有共同需求或孩子存在共同现象的家长和教师组成小组。目的是帮助家长和教师更有针对性地沟通和共同解决问题。

（六）集体开放日

是常见的家长会形式，常在周末举办，让家长更深入地了解学校的教育环境和教学情况。

（七）家访

需要说明的是，老师家访也是家长会的一种形式。只是这种形式一般是小范围地去到学生家里进行（根据情况也可以选择在一个适宜的其他场所进行），这是一种相对私密的家长会形式，这种方式能深入了解孩子在家的表现和成绩，以及潜在的心理问题，又能很好地保持学生、家长的隐私和尊严。

三、家长会应包括哪些必要的环节？

家长会的环节设置通常是指以班级大会形式召开家长会，可以根据情况和需要设置一些流程和环节，以确保家长会的顺利进行和达到预期的效果。通常的安排如下：

1. 开场致辞：班主任或主持人需要致开场词，欢迎家长们的到来，并简要介绍家长会的目的、议程和预期成果。

2. 班级概况介绍：向家长们介绍班级的整体情况，包括学生人数、教师团队、班级特色等。

展示一些班级活动的照片或视频，让家长了解孩子们在校园生活中的点滴。

3. 学生学习情况汇报：提供学生的近期学习成绩、作业完成情况以及在学习上取得的进步和成就。可以将学生的成绩单或作业样本分发给家长，让他们更直观地了解孩子的学习状况。

4. 问题与挑战分析：坦诚地与家长分享学生在学习中遇到的问题和面临的挑战，以及班级在解决这些问题方面的努力和措施。鼓励家长提出他们在家庭教育中遇到的问题和困惑，以便共同讨论和解决。

5. 家校合作讨论：强调家校合作的重要性，并邀请家长分享他们在家校合作方面的经验和做法。

提出具体的家校合作建议，如家长如何监督孩子的学习、如何与孩子沟通、如何参与班级活动等。此环节还可以邀请在校表现优秀的孩子以及家庭教育理念、方法和成效都比较好的家长代表作经验分享，以正面的示范激励引领班级家长。

6. 家长互动环节：设置一个家长互动环节，让家长有机会提出问题和建议，或者与其他家长分享经验和心得。班主任可以针对家长们提出的问题和建议进行解答和回应，增强家校之间的沟通和理解。

7. 结束语与感谢：在家长会结束时，班主任需要致结束语，感谢家长们的参与和支持，并再次强调家校合作的重要性。鼓励家长们保持与学校的联系，及时反馈孩子的情况和需求，共同为孩子的成长和发展努力。

8. 后续跟进：家长会结束后，班主任需要跟进家长们的反馈和建议，及时调整和改进班级管理和教学工作。通过短信、电话等方式与家长保持联系，了解他们对会议的反馈和意见，以便不断优化家长会的形式和内容。

以上环节仅仅是根据一般情况下的做法，实际当中班主任可以根据需要灵活安排。

四、家长会应提前做哪些准备？

教育无小事，学校和老师的每一项言行都是对学生的示范和教育。在班主任的规划和带领下，组织学生一起筹备一场圆满的家长会，是给学生示范教育的过程，也是学生锻炼成长的过程。

另一方面，当前社会环境下，绝大家家长都是需要全职工作的，既然把家长请到学校来参加家长会，也需要班主任拿出诚意热情筹备、切实地解决好班级发展的问题。同时也是班主任工作态度和水平的体现。

为了实现上述的目的，班主任应做好以下筹备工作。

首先，设定家长会宗旨目标。要想清楚家长会的根本目的、想要解决的具体问题、预期达到的效果以及整个家长会所遵循的基本原则和思路。对于新手班主任来讲，预先制定一个家长会工作方案可让自己的工作更得心应手。例如是为了分享学生的学习进展、讨论学生面临的问题、加强家校沟通，还是为了制订下一步的教育计划等。根据目的，确定家长会的内容和环节，确保会议内容有针对性和实用性。

其次，了解家长需求。家长会不是班主任或老师的单向输出，或者只考虑学校的需求，也需要考虑和兼顾家长的实情和需要。比如什么时间开家长会比较方便，家长最想了解什么问题，平时家庭教育遇到过哪些问题等。了解家长需求，可以让家长会更有针对性，更具吸引力。

再次，需要做一些具体的物资和材料的准备：

学生成绩单：这是开家长会时最重要的材料之一。成绩单应详细列出学生在各个科目上的成绩，包括平时成绩、期中考试成绩、期末考试成绩等。对于高中阶段的学生来讲，还可以附上学生的成绩排名和班级平均分等信息，以便家长更直观地了解孩子的学习情况（义务教育阶段不允许学生成绩排名）。这个过程需要注意保护学生个人信息，防止学生隐私外泄。

学生作业及试卷样本：展示学生的作业样本可以让家长了解孩子的学习态度和习惯。班主任可以选择一些典型的作业，包括优秀的作业和需要改进的作业，以便家长根据这些样本来指导孩子的学习。还可以选取一些近期考试的优秀答卷做示范，同时也让学生准备好自己的试卷。

学生个性化发展报告：对于一些需要特别关注的学生，班主任可以准备一份个性化发展报告,详细介绍该学生的学习情况、性格特点、兴趣爱好、优点和不足等,以便家长能够更全面地了解孩子的情况,并制订针对性的教育计划。

班级活动照片或视频:这些材料可以展示学生在学校的生活和成长情况。班主任可以准备一些班级活动的照片或视频,如运动会、文艺演出、社会实践等,让家长更深入地了解孩子在学校的表现。

班级通讯或家长信:班级通讯或家长信是班主任向家长传递班级信息的重要渠道。在家长会上,班主任可以准备一份详细的班级通讯或家长信(在整理制作班级通讯录时,需要提前征得学生和家长的同意),介绍班级的教育理念、工作计划、重要活动安排等,以便家长更好地了解班级的工作情况。

家长反馈表:为了更好地了解家长对班级工作的意见和建议,班主任可以准备一份家长反馈表,让家长在家长会上填写。反馈表可以包括家长对班级工作的满意度、对教师的评价、对孩子的期望等内容,以便班主任更好地改进工作。

其他相关材料:根据家长会的具体内容和目的,班主任还可以准备其他相关材料,如学校规章制度、教育政策文件、学科竞赛获奖证书等,以便家长更全面地了解学校的教育环境和学生的成长机会。

五、家长会上应特别注意的事项

家长会是学校和家庭、老师和家长双向奔赴的活动。所有工作的初衷和目标一定是为了更好地培养和帮助学生成长。因此,家长会的筹备和召开需要特别注意以下几个问题。

第一,保护学生隐私。一方面是国家政策法规明文规定的信息需要保护,同时对于涉及学生的身心健康、情感思想、个人尊严、家庭情况等方面的内容,也需要特别注意防范。对于正处于青春期又比较敏感、有个性的学生,旁人觉得无伤大雅的玩笑,可能就是压垮他们的最后一根稻草。

第二,留给家长和学生尊严。无论学生在校表现给班级或老师带来多大的损失或影响,家长都不应该成为老师批评和批判的对象。无论表现多么令人不满意的孩子，内心深处一定都还是希望得到老师的肯定和关心的，切忌老师在家长面前把学生说得一无是处，让学生颜面尽失，尤其在公开场合更要避免。

　　第三，牢记家长是合作伙伴。班主任应时刻谨记家长是我们的合作伙伴，不是我们的对手，也不是我们的教育对象。另外，家长的家庭情况和工作关系，不是学校和老师的工作范畴，班主任最多在涉及学生的方面提供一些建议，或提出一些最低的保障要求，别的方面不应该介入太多。

第四章

班主任智慧：与家长、学生组成教育共同体

班主任故事：我所追求的"良善教育"

前不久，我看过一部奥斯卡金奖短片《让座》，该片时长三分多钟，通过眼神中的逃避、无奈、感谢、惊讶、触动等，对比出漠视与关怀、被迫与主动、丑与美的直观体验，把各个人物刻画得淋漓尽致。

"让座"是一个老生常谈的话题，小学生写作文如果用这个作为话题，估计也要被老师认定题材过于陈旧。但就是这样一个陈旧的话题，在短片中却闪耀着人性善意的光芒，给观众以强烈的心灵震撼。那个拄着拐杖的女士，却将她同样有需要的座位让给了一位拄着拐杖的老爷爷。她简单的行为，照亮了旁人的心，让迷茫中的路人甲乙丙看到了自己的差距，每一分触动，都会是一次灵魂的觉醒。正好回应了短片结尾的一句话："真正的善良，是你准备好放弃你本身所需要的。"

如短片所表达的"真正的善良"，在现实中要做到该有多难？我回想起自己刚刚参加工作的时候，遇到过一个学生。第一次家长会结束后，这个孩子的妈妈非常焦急地找到我，说："我家小蔡是个非常单纯的孩子，他资质不是很好，但他挺勤奋、肯学习、很乖巧。他在写作方面还不差，但在语言表达方面有很多不足，我很担心他以后走出社会怎么办，麻烦孙老师您真的要帮帮他。"确实，小蔡同学跟同学沟通交流时，容易结巴，遇到上台发言，紧张起来可能支吾半天都说不上话，导致孩子的性格比较内敛，在学习和生活中都不主动与人沟通交流。

于是我就萌生了一个想法：要设立一个班级快讯栏目，让小蔡担任文字编辑。因为一开始让小蔡与人交流，确实比较难，但如果通过写，让他的文字表达能力得到进一步锻炼，在做好班级快讯栏目后慢慢有了自信，就好跟别人沟通交流了。

万事开头难，我先引导孩子读新闻通讯，比如说《南方日报》《东莞日报》。小蔡很认真，每到中午吃饭的时候就拟初稿，然后交给我审稿。有时候，我一天早上三节课，加上备课、改作业以及各种会议，到了中午肚子已经打鼓了。但是，我认为孩子既然有这样的耐性，作为老师就更应该支持他。况且当时自己还没有成家，所以时间还是容易抽出来的。就这样，我跟这个孩子相互"磋商"持续了一个月的时间。到了第二个月，我基本不需要给孩子定主题和审稿了，孩子自己会思考与分辨，能敏锐地捕捉到日常班级活动中有价值的新闻，并会主动地提醒我"今天这个事件要出一篇简讯了"。

孩子借助班级快讯栏目这一平台，在海量读写的基础上，不断提升自身的言语表达、独立思考与判断能力。后来在年级的演讲比赛中，孩子第一次勇敢地走上讲台，能够全程自信流畅地表达自己的观点，获得了年级一等奖。在班级周记中，有好几个同学写到小蔡，都提到"蔡同学长久地坚持编辑班级快讯栏目，是名副其实的'大作家'"。小蔡在学习和生活的舞台上，得到同学的认同，变得更有自信，更能流畅地与人沟通交流。

后来，我把小蔡演讲的视频发给孩子妈妈，家长是这样回复的："好激动啊，竟然没有结巴！我最担心的就是孩子的表达这一方面，感谢孙老师给孩子一个这么好的平台，非常感谢！"后来由于种种原因，我没有带着这个孩子上高三。现在孩子已经高中毕业多年了，在政府单位成了一名能写能说的干部，自己也有了家庭，但我们师生之间还保持着密切的联系，每一年的春节，我都能够收到小蔡同学的祝福短信。那一年全班师生聚会，在酒过三巡以后，蔡同学拉着我，说高中三年最难忘的还是当年做班级快讯栏目的那段经历。

我想，对于教育工作者而言，对同事、对学生、对家长，抱有善意，永远不是一个过时的话题。将你多余的或不要的给需要的人，这是帮助、是施舍；而更大的善良是将你需要的也让给有需要的人。

在教育的道路上，无论我们走多远，走多快，千万不能忘记我们为什么而出发。

班主任反思：家长的期待与坚守

有人说：父母是孩子的第一任老师，孩子是父母的最大产业。在传统儒家文化熏陶孕育下的中国家长的观念中，望子成龙、望女成凤是普遍存在的，甚至被认为是家长"为孩子好"的良苦用心。

在商业利益的驱动下，家长常常被告知"不要让孩子输在起跑线上"。这句话似乎成了一种教育信条，但实则充满了误导。人生不是一场短跑，而是一场漫长的马拉松。起跑线上的微小优势，并不能决定孩子未来的成败。相反，过分强调起跑线上的竞争，往往会导致家长和孩子都陷入过度的焦虑和压力之中。

另一句常被家长信奉的话是"只要成绩好，什么都不用管"。这种唯成绩论的观点，忽视了孩子全面发展的重要性。孩子的成长不仅仅是学业成绩的提升，更包括品德修养、社交能力、心理素质等多方面的培养。如果家长只关注孩子的成绩，而忽视了这些方面的培养，那么孩子可能会在未来的生活中遇到更多的困难和挑战。

家长的教育焦虑和内卷现象，归根结底是源于对"优秀的人可以占有更多的资源，平凡的人会失去一些资源"这一观念的深信不疑。这种观念导致了家长无法接受孩子的平凡，无法接受"这世界上有些东西本就与我们没有关系"。然而，每个孩子都是独一无二的，他们有自己的兴趣和天赋。家长也应该尊重孩子的个性，倾听孩子的心声，关注孩子的需求，帮助他们找到自己的兴趣和方向，而不是一味地追求自己所认为的"优秀"。

家长不仅是孩子的第一任老师，更是他们心灵的引路人。在孩子成长的道路上，家长的作用举足轻重，无法替代。有人总结了不同的家长类型，大概有四种不同的特征。

第一种家长任由孩子自由生长，这种家长可能由于工作忙碌或其他原因，对孩子的教育采取放任自流的态度。然而，孩子的成长需要家长的引导和陪伴，缺乏陪伴的孩子可能会在成长过程中迷失方向。

第二种家长愿意在孩子身上花钱，请人来教，物质上无底线满足，各类辅导班培训一应俱全。然而，金钱并不能买来教育的一切。孩子的成长需要的是家长的关爱和陪伴，而不是仅仅物质的满足。

第三种家长愿意陪伴孩子成长，他们不仅关注孩子的学业成绩，还关注孩子的心理健康和社交能力。这类家长更能够理解和支持孩子，帮助他们在成长过程中建立自信。

第四种家长则与孩子一起成长，他们愿意陪着孩子一起学习、改变、进步。这种互相成就的教育方式，不仅能够促进孩子的全面发展，还能够加强家长与孩子之间的情感纽带。

在教育成功的法宝中，建立良好的关系至关重要。家校关系、师生关系、亲子关系都是孩子成长过程中不可或缺的部分。成功的家校关系需要理念的认同、彼此的信任和教育的同步。只有家校之间形成合力，才能够为孩子提供更好的教育环境。

社会的进步、科技的发展，使得今天的我们相信：阅读和运动是每个学生一生都应坚持的好习惯。阅读能够开阔孩子的视野，提升他们的思维能力和表达能力；而运动则能够锻炼孩子的身体，提高他们的意志力和团队协作能力。这些好习惯的培养需要学校和家庭的共同努力。

一个认同度颇高的说法是：有问题的家庭不一定养出有问题的孩子，但往往有问题的孩子背后都有一个有问题的家庭。父母是孩子最好的老师，他们的言传身教对孩子的成长有着深远的影响。家庭应该是孩子最后的港湾，为他们提供安全和温暖。当家长出现问题时，孩子往往会受到很大的影响。因此，家长需要不断地学习和成长，提升自己的教育理念和育儿技巧。

家长在孩子教育中的角色和责任至关重要，不能打着关爱孩子、为孩子前途着想的旗号，抹杀孩子的天性，无视孩子合理的需求，更不能对孩子使用不道德甚至违法的教育手段。

作为家长，不能把自己的期望和目标强加到孩子身上，而是需要摒弃唯成绩论的观念，关注孩子的身心健康和全面发展。切记，适合孩子的，才是最好的。

与家长共探：大考前如何调节考生的心理状态

社会上有种戏谈说：考、考，老师的法宝；分、分，学生的命根。这种说法虽然不尽正确，但也从侧面说明大家对考试的重视、对分数的关注。每逢大型的考试，特别是高考，不少学生和家长都会情绪紧张得吃不下、睡不着。面对如此情况，该如何帮助学生和家长调节好心理情绪，帮助学生在考场上更好地发挥呢？

我们先追本溯源：大考前孩子为什么会焦虑紧张？

一、对考试结果的期待和敏感

在传统的考试文化中，考试结果往往被视为衡量学生学业成就的重要指标。因此，许多学生对考试结果抱有极高的期待，这种期待往往源于对完美的追求和对与他人比较的敏感。

首先，过于追求结果完美是许多学生焦虑紧张的重要原因之一。这些学生往往对自己有着严格的要求，他们不仅希望自己的成绩能够达到预期的目标，更希望能够在所有考生中脱颖而出，成为佼佼者。然而，这种追求完美的心态往往会导致他们在备考过程中过于紧张，害怕出现任何一点失误，从而影响最终的考试结果。

其次，过于看重与他人比较也是导致学生焦虑紧张的重要因素。在竞争激烈的考试环境中，许多学生都会不自觉地与他人进行比较，担心自己的成绩不如别人，从而失去自信和动力。这种比较心理不仅会增加学生的心理压力，还会影响他们的备考效率和状态。

最后，对结果期待值太高也是导致学生焦虑紧张的原因之一。许多学生希望通过一场考试能够带来重大的收益，比如进入心仪的学校、获得奖学金等。然而，这种过高的期待值往往会使他们在备考过程中感到压力巨大，害怕一旦考试失败就会失去这些机会。这种心理压力会进一步加剧他们的焦虑情绪。

二、对备考过程没有信心

除了对考试结果的期待和敏感外,学生对备考过程的不自信也是导致焦虑紧张的重要原因之一。这种不自信可能源于自卑心态、散漫的复习态度以及时间紧迫等因素。

首先,自卑心态太重会使学生对自己的能力和水平产生怀疑。他们往往认为自己不如别人聪明、不如别人努力,从而在备考过程中缺乏自信和动力。这种自卑心态不仅会影响他们的备考效率,还会使他们在面对困难时更容易产生焦虑情绪。

其次,复习过程散漫不认真也是导致学生不自信的重要因素。有些学生在备考过程中缺乏计划和目标,导致复习效率低下,无法全面掌握考试内容。这种散漫的复习态度会使他们在考试前感到心虚和不安,从而产生焦虑情绪。

最后,时间紧迫也是导致学生不自信的原因之一。在备考时间有限的情况下,许多学生会感到压力巨大,担心自己无法在规定的时间内完成复习任务。这种时间压力会使他们更加焦虑和紧张,影响备考效果。

三、过度疲劳引起心理烦躁

除了上述两个方面的原因外,过度疲劳也是导致学生焦虑紧张的重要因素之一。长时间的备考过程会使学生感到身心疲惫,从而产生心理烦躁和焦虑情绪。

首先,长时间的复习会使学生感到脑力疲劳。他们需要不断地思考和记忆大量的知识点和公式,这种高强度的脑力活动会使他们感到疲惫不堪。当脑力疲劳积累到一定程度时,就会产生心理烦躁和焦虑情绪。

其次,长时间的备考也会使学生感到身体疲劳。他们需要长时间地坐在书桌前复习,这种缺乏运动的生活方式会使他们的身体感到僵硬和不适。当身体疲劳积累到一定程度时,就会产生心理烦躁和焦虑情绪。

此外,长时间的备考还会使学生感到心理压力巨大。他们需要不断地面对各种考试和模拟测试的压力和挑战,这种持续的压力会使他们的心理承受能力逐渐下降。当心理压力积累到一定程度时,就会产生心理烦躁和焦虑情绪。

那么，如何应对考前心理情绪紧张呢？

一、心理暗示法：增强自信，自我激励

心理暗示法是一种有效的心理调适方法。在考前心理焦躁时，学生可以通过自我暗示来增强自信，缓解紧张情绪。首先，学生可以对自己的能力和潜力进行积极的评估，认识到自己的优势和不足。然后，通过一些具体的动作和语言，如深呼吸、握拳、对自己说"我一定能行"等，来增强自己的自信心。这种心理暗示法可以帮助学生调整心态，以更加积极、自信的状态面对考试。

二、焦点转移法：抛开比较，关注自我

焦点转移法是一种有效的心理调适策略。在考前，学生往往容易陷入与他人的比较中，担心自己不如别人。这种比较心理会加重学生的紧张情绪。因此，学生需要学会抛开比较的思维，关注自己的进步和成长。具体而言，学生可以将注意力集中在自己的学习目标上，关注自己的学习过程和成果。同时，学生还可以通过参加一些让自己轻松愉悦的活动，如跑步，一场大汗淋漓的跑步可以很有效地缓解紧张和疲劳的情绪。也可以听音乐、看电影，甚至饱餐一顿美食等，来转移注意力，缓解紧张情绪。

三、物理放松法：舒缓压力，调整作息

物理放松法是一种通过身体放松来缓解心理紧张的方法。在考前，学生可以通过一些具体的行为来放松自己的身体和神经。例如，学生可以找一个安静的环境，听听舒缓的音乐，让自己的心情平静下来。此外，学生还可以请专业人员进行减压按摩，放松肌肉和神经。在作息方面，学生需要重新规划自己的作息时间，减少学习任务目标，增加休息时间。保证充足的睡眠和适当的运动是缓解考前紧张情绪的有效途径。当然，还可以找个信任的老师或好友好好地倾诉一下，甚至大哭一场，都能有效地缓解压力。

四、底线思维法：预设最坏结果，制定应对策略

底线思维法是一种通过预设最坏结果来减轻心理压力的方法。在考前，学生可以假设自己考试不理想的情况，并思考如何应对这种结果。这种底线思维法可以帮助学生认识到考试的失败并不是灾难性的，减轻心理压力。同时，学生还可以提前制定应对策略，如重新规划学习计划、寻求老师或同学的帮助等，以应对可能出现的考试不理想的情况。

当然，应对考前心理情绪紧张的最根本方法还是做好充分的复习准备。学生需要根据自己的学习情况制订合理的复习计划，并按照计划认真执行。只有做好充分的复习准备，学生才能在考试中发挥出自己的最佳水平，从而减轻心理压力和紧张情绪。

总之，大考前焦虑紧张是一种常见的心理状态，它既有自然的生理原因也有复杂的社会和心理因素。我们应该从教育的视角出发深入探讨其原因并提出相应的应对策略，为学生创造一个轻松、愉快的备考环境。

与家长共探：孩子反复出错该怎么办

　　面对这样的命题，老师首先应该有几个基本的认识：第一，学生的行为表现不理想是正常现象，如果学生什么都做得好，那么学校和老师就没有存在的价值和意义。第二，如果老师一讲学生就会了，教育就不会是社会发展的重大根本问题了；第三，"一说就好、一讲就会"也不符合教育学及人的成长规律，学习和成长本来就是螺旋式、渐进式前进的。

　　从学生行为表现方面看，反复强调后学生还是出差错，就需要区分是教育问题还是管理问题。

　　教育问题主要是学生的思想认识和价值观问题。学生认为不值得做，或者认为是错误不合理的做法，一定会出现屡教不改的现象。这需要班主任老师从思想教育上入手，加强对学生的培养教育。

　　还有一种情况，是学生对老师有不满情绪，故意对着干。这同样需要老师加强对学生的教育引导，提升个人的业务能力和水平，增进师生感情。良好的师生关系可以解决学生教育中的大部分问题。

　　管理问题主要是学生不懂、不会做的问题。就具体表现来讲，一是目标要求不明确，二是操作流程不清晰，三是责任划分不具体，四是培训沟通不到位，五是制度保障不健全。以上问题，通过班主任有针对性地强化、细化工作，辅以完善的机制、制度保障，往往就能很好地解决。

　　从学生学业表现方面看，我们也常常遇到这样的情景：老师耐心细致地讲解，学生却似乎置若罔闻；老师苦口婆心，学生无动于衷；老师重复千遍，学生错误依旧等现象。时常出现老师努力千遍，学生考试结果依旧不理想。我们不禁要问：为何反复强调，学生仍然出错？这同样需要区分是教育问题还是方法问题。

一、教育问题

学生感到学习无价值、无趣味，因此无心向学，当然也就学不好。当学生在学业上屡屡出错时，我们首先应当反思的，是教育的真正目的和价值。如果学生感到学习无价值、无趣味，那么他们的学习态度自然难以端正。学习是一个主动的过程，需要学生的积极参与和热情投入。如果学生对所学内容缺乏兴趣和热情，那么无论老师如何强调，他们也很难真正掌握。

因此，老师要深入剖析学生的需求和兴趣点。在教学过程中，我们应当深入了解学生的需求和兴趣点，将教学内容与学生的实际需求相结合。通过设计有趣味性、有挑战性的学习任务和活动，激发学生的学习兴趣和热情。同时，我们还应当关注学生的个性化需求，提供差异化的教学支持和服务。

同时，学生对本学科学习前景的不明朗和目标的缺失，也是导致学习效果不佳的重要原因。如果学生对自己的学习目标不明确，那么他们的学习就会缺乏方向和动力。在这种情况下，学生往往会漫无目的地学习，导致学习效果不尽如人意。很多时候，我们还要特别关注学生的元认知问题。元认知是指个体对自己的认知过程的认知。如果学生的元认知出现问题，缺乏自信、自驱和自主意识，那么他们在面对学习困难时，往往会选择逃避和放弃。在这种情况下，老师需要从培养学生的自信心入手，提升学生的自主学习意识和能力。

针对以上情况，老师需要注重学生的自主学习意识和能力的培养。通过引导学生自主探究、合作学习等方式，让学生成为学习的主人。同时，我们还应当关注学生的学习过程和方法，及时给予指导和帮助。让学生在学习过程中不断积累经验和自信，提高自主学习能力。

此外，我们还应当关注老师在学生出错时的归因问题。很多时候，老师可能会错误地将学生的错误归因于学生本身，而忽视了自身在教学方法和策略上的不足。这种归因方式不仅无益于问题的解决，还可能加剧学生的挫败感和焦虑情绪。

对此，老师除了提升个人的业务能力和水平之外，还要注重建立良好的师生关系和课堂氛围。通过与学生建立良好的沟通和互动关系，了解学生的思想动态和学习情况。鼓励学生把自己真实的感受和想法与老师分享，让学生在轻松愉悦的氛围中学习和成长。

二、方法问题

在探寻了教育背后的真相之后，我们应当反思自己的教学方法与策略是否存在问题。在知识与内容的处理上，我们应当确保逻辑关系清晰、重点要点明确、学习任务目标具体。只有这样，学生才能更好地理解和掌握所学知识。

在课堂实施上，我们应当注重详略得当、难度适中的梯度把控。同时，我们还应当明确学生的学习及实践步骤，确保学生能够按照要求进行操作和实践。只有这样，学生才能更好地将所学知识应用于实践中。

在案例示范上，我们应当选择生动鲜活的案例，注重自身的书写表达规范性和科学性。同时，我们还应当充分考虑学生的实际情况与需求，提高学生在学习活动中的参与度。只有这样，学生才能更好地理解和掌握所学知识，并将其应用于实际生活中。

面对学生在学业上屡屡出错的现象，我们应当从教育背后的真相和方法问题上入手，深入剖析问题的原因和本质。只有这样，我们才能更好地帮助学生克服学习困难、提高学习效果、实现全面发展。

附：学生总是反复出错的几个原因

1. 粗心：行为习惯问题。

典型表现：题目还没有看完就下手了，考试漏做题目。

2. 注意力不集中：性格严谨性问题。

典型表现：抄题都会抄错，抄答案都抄不全或抄错行。

3. 做题步骤不规范：不重视程序步骤。

典型表现：解题思维跳跃性大，跳步骤造成错误。

4. 知识掌握有漏洞：知识掌握或理解性问题。

典型表现：说起来知道，但停留在一知半解，一做就错的层次。基本概念一直存在欠缺。

5. 陷入错误信息链：思维问题。

典型表现：张嘴或抬手就错，形成了错误条件反射。

6. 缺乏一定量练习：熟练问题。

典型表现：老师带着会做，自己动手就错。

7. 知识识记错乱：信号刺激问题。

典型表现：知识张冠李戴，不同规律或语言信息错乱。

8. 纠错方向错了：方法问题。

典型表现：对的方法没记住，错误的方法根深蒂固，强化了负面印象。

与学生共勉：走出舒适区，遇见更美的自己

"心理舒适区"指的是一个人感到最舒适的心理状态和习惯性的行为模式。比如，新学期开学后，同学们告别假期在家慵懒、惬意的生活状态，回归校园，开始充满希望与挑战的学习生活，就是走出个人的心理舒适区。

有句话说：不逼一逼自己，都不知道自己有多优秀！因此，走出舒适区可以让我们发现自己能力的边界，遇见更好的自己。我想对初三、高三的同学们说，试着让学习的时间安排更科学充实一点，让各学科的学习更深入扎实一点，让练习、答卷的书写更严谨工整一些，让对问题思考更有深度和全面一些。相信你一定会发现更优秀的自己。

毛主席的《七绝》诗句说："无限风光在险峰"。走出心理舒适区可以让我们领略不一样的风景，遇见更好的自己。我想对初二、高二的同学们说，经过过去一年的初中或高中生活的熏陶，让我们适应了中学阶段的新环境，对自己未来的目标和定位有了逐渐清晰的认识。新的学年，正是我们开阔视野、提升能力、培养兴趣特长的关键期。让自己在喜欢的事情上，研究得更深入一些，在自己擅长的事情上，取得一些新的突破和更好的成绩。相信你一定会发现更优秀的自己。

见识过大海的浩瀚，就不会拘泥于小溪流。走出舒适区可以让我们平视过去的荣耀，展望更好的自己。我想对初一、高一的同学们说，在过去的时间里，相信你们都是小伙伴中的佼佼者，都曾经取得过一些优秀的成绩。走进优秀的学校，身边有了更多更优秀的同学，曾经的优势和优越感没有了，甚至还会让你有些许的压力，我认为这是好事儿。与更优秀的人为伴，可以让你平视过去的荣耀，给自己一个全新的、更高的定位和目标。我的一个学生曾说过"一个人总是沉浸在过去，那一定是现在做得还不够好！"

作为一名中学生，怎样走出舒适区呢？

身体和灵魂总要有一个在路上！这句话告诉我们，课余时间坚持阅读和运动是带领我们走出舒适区的最好方法之一。好的阅读是用先贤前辈的智慧涵养灵魂，当然，我们需要让阅读走出舒适区。摒弃粗俗的、无益身心的阅读内容，比如一些没有营养价值的网络小说、漫画、游戏攻略等，多读一些内涵丰富的文史名著、哲学艺术类作品等。运动是保持身心健康的一剂良药。让运动走出舒适区，从每天多拉 2 个引体向上、多做 5 个仰卧起坐或 5 个俯卧撑开始，从每天跑步 400 米开始，坚持下去，你一定会遇见更好的自己。

有本书叫《细节决定成败》，相信很多人都听说过。当我们把手头的每一件小事，做得比过去更细致一点，每节课的课前准备做得更充分一些，每堂课的笔记或作业题书写得更工整一些，每天的衣服洗得更干净一些，个人物品摆放得更有条理一些，和长辈、同学交往时表现得更谦和礼貌一些，班级活动更自信、主动、准时一些，这些都会让我们走出生活的舒适区，遇见更好的自己。

敢于走出舒适区，是对自己负责的体现，是一个人高度自律的开始。当然，刚开始走出舒适区，我们可能会感到有一点劳累、不适。但是，正如动画片《一禅小和尚》里的经典语录：当你觉得累的时候，说明你正在走上坡路，坚持走过去就会有进步，每一步都会到达一个新高度，目光所及，每一处都有新风景。

与学生共勉：建设你们的自律人生

什么是自律？自律就是将这两件事做到极致：

一、做自己不一定喜欢但应该做的事情

比如：每天坚持操场跑步3圈，让自己更健康；每天花5分钟整理一下书桌和思绪，让学习生活更有条理。很多时候，人必须强迫自己，才能将自身潜在的才华和智慧发挥出来——这就是大家通常所说的：不逼一逼自己，你都不知道自己有多优秀！

二、不去做喜欢但不应该做的事情

比如：放下对手机、游戏的执念，抵制零食、泡面的诱惑。我们相信，人最终的高度，取决于对自我要求的高度。

有人说：深到骨子里的自律，是坚持做这五件事：做好时间管理、养成情绪自控、学会独立思考、凡事积极主动、坚持有益阅读。

具体怎么样才能做到以上五点，做一个自律的人呢？

第一，做好时间管理。在最恰当的时间做最合适的事情，让每天的24小时都能充实而有意义！

第二，养成情绪自控的习惯。在日常的学习和生活中，时常提醒并训练自己做到以下三点，就能够很好地管理自己的情绪：①遇到急事要静，给自己三分钟时间冷静下来，再去处理问题。②当遇到情绪即将失控，想要爆发时，静默下来，自己默数10个数。③沟通时，学会陈述事实、表达感受，而不是去指责、抱怨。学会站在他人的角度思考问题，才能正确地处理冲突、化解分歧，拉近彼此的距离。

第三，养成独立思考的习惯。心理学上有一个著名的"毛毛虫效应"：实验者们将几条毛毛虫，围成一圈放在花盆的边缘，再在不远处撒上食物。这些毛毛虫就会不停地跟前面的虫绕圈，直到它们筋疲力尽，也无法找到食物。毛毛虫如此，人生亦是如此。

如果一味从众，不去思考，就只能跟在别人的后面乱跑，失去自主权。我们校训中的"思辨、勤勉"就是要提醒我们：除了勤奋努力，还要明辨是非、慎思笃行。

第四，养成积极主动的习惯，迈开第一步。有一句话说：一万个好想法比不上一个实践行动。学游泳的最好办法是直接下水。面对困境，想都是问题，做才有答案，行动才是打破恐惧的关键。比如说上课或开会时，如果是自由就座，很多人总不好意思在前排就座。这些时候，具有积极主动习惯的人往往会有更好的表现和收获。

第五，养成阅读的习惯。诗书上说：腹有诗书气自华！在我们的一言一行里，都藏着我们读过的书、走过的路。多读书、读好书才能让我们更具智慧、更有涵养、更显胸怀和格局。

与学生共勉：别让手机偷走你的梦想

学生沦为手机控，后果有多可怕：开学前两天，偶遇一位来校为孩子充饭卡的高中同学家长，短暂的交流中得知孩子是个手机控。因为手机，父子关系疏离，家庭战争不断，他言谈中的愤慨与叹息能让我深深感受到一位父亲的无奈与无助，我安慰了他并提了一些建议，但送别家长后，内心久久不能平静。作为一位教育工作者，我相信这个问题困扰的绝不仅仅是一个孩子，一对父母，一个家庭。

德国顶尖的脑神经学家、哈佛大学教授曼弗雷德·施皮策尔（Manfred Spitzer）近年的力作《数字痴呆化，数字化社会如何扼杀我们孩子的脑力》让我们看到，数字痴呆化已经成为世界性难题。德国是个教育零成本、零门槛的发达国家，手机、网络的普及比中国更早、更快、更广，施皮策尔教授在认真地对比分析后发现：当今德国学生多动、易暴怒、提笔忘字、做题粗心、记忆力差、词不达意、协调性差、孤僻等等问题，都有明显的增加。

施皮策尔教授提出的这些问题，在我们身边或身上，是不是也同样普遍存在？

作为一个著名学者，施皮策尔教授看得更远，他看到的是数字痴呆化对一个人整个人生的影响。他认为，对智力建设没有帮助的行为包括：沉迷于电视、电玩、网游和网络依赖，沉溺于这些行为的人在学习阶段表现为各种学习障碍和自我管理问题。到了中晚年，就会导致失业、生病、破产、孤独、抑郁甚至早逝。

"博雅、格致、思辨、勤勉"是我们的校训，更是学校、家长和社会对同学们的期望。我们追求的不只是优异的高考、中考成绩，我们期待培养的学子更有思想，更有情怀，更有担当。那么，思想从哪里来？

真正的思想来自对学习的严肃思考和不懈努力！中学生活的真谛就是学习，努力学习就是我们中学生的一种责任。学会忍耐、学会放弃、学会付出，这不仅

第四章 班主任智慧：与家长、学生组成教育共同体

是学习的需要，也是人生的一种修炼。尤其在这个"有问题，百度一下"的年代，大家要清醒地认识到：乔布斯靠"百度一下"创造不了苹果，屠呦呦靠"百度一下"摘不到诺贝尔奖。专注学习、自主自律才是硬道理。

真正的思想来自撬动整个地球的壮志豪情！我们学校有位同学，一直有个梦想，想走进剑桥大学这所著名学府深造，将来为民族腾飞出份力、为中国富强做点贡献。目前他正在为梦想而努力。他的家长说：在家里，聊天、看手机的父母经常受到儿子的批评与教育，为此家长既汗颜又深为儿子骄傲。今天中国高考、中考改革的大幕已经拉开，改革的方向是让既有扎实的基础，又有出众的综合能力的人在高考、中考这个综合考场中胜出。在学习校内知识的同时，越来越多的同学把目光瞄准著名大学的自主招生，用拼搏和汗水来拥抱自己的梦想。

真正的思想来自一群志同道合者的交流碰撞！非洲有句谚语：一个人可以走得很快，一群人才能走得更远。在避免数字化危害的过程中，一个积极向上的优秀团队尤其重要。中学同学的友谊弥足珍贵，但"摇一摇、扫一扫"培养不出真正的必有我师的三人行。真正的朋友，也绝不是靠一起玩"王者荣耀""绝地求生"等电子游戏培养起来的。它是在为了一个伟大的目标和集体一起前进过程中被认可而形成的。

当然，真正的思想者还必须能享受孤独，既要灌输热烈的感情，又要拥有坚强的理智，唯其如此，才能在碎片化的喧嚣世界找到自己的一方天地。

你愿意被圈养、当炮灰吗？有位著名社会学家曾忧心忡忡地说："我很害怕以后的世界，将会是一个可怕的两极分化的世界。一小批四肢发达、智慧超群、家世富有、出身名校的超级精英，像圈养肥猪一样，统治一大群懒惰肥胖、肢体孱弱、空余时间都沉溺在虚拟世界里空虚度日的麻木御宅族，只要精英们乐意，随时让大家变炮灰。"

你愿意被圈养吗？你甘当炮灰吗？

今天的我们，每一个人都不可避免地生活在数字化时代，如果一个人清楚了

解对自己来说什么是最重要的,就可以让我们既充分享有数字化世界带给我们的机遇,又免受碎片化带来的风险和危害。

新学期伊始,愿我们都许下美丽的梦想,更希望,我们的梦想不因挫折而停止,不因时间而褪色,不因手机而破碎。

新的一年,我们帮你守护梦想,你们负责用力飞翔!

与学生共勉：你的青春你做主

中学时代是人生中最美好的时光，是一段充满活力与梦想的旅程。在这个奋斗的年纪里，我们拥有无限的可能和机会，无论是追逐梦想、实现目标还是探索未知的世界，这些都是我们最珍贵的财富。在这宝贵的时光里，我们应该学会做自己的主人，掌握自己的命运。

青春，是一幅画，我们可以用自己的才华和勇气来创造出最美好的画面。在这个阶段，我们拥有无限的机会去实现自己的梦想，去追逐自己的热情与渴望。无论是学习、工作还是生活，我们都有足够的时间和空间去探索自己的内心和未来。

青春，一切皆有可能。在美好灿烂的青春时光里，让我们饱含热情地去坚持自己的理念和追求。勇敢地去尝试自己未曾接触过的领域，去挑战自己的极限与瓶颈。在不断努力的过程中，锻炼自己的意志和毅力，让自己变得更加坚定与自信。

如何才能让梦想变成现实呢？

首先，我们需要有一个目标，一个可以让我们不断前行的方向，并且为之不断地努力。一个人的成长不可能是一蹴而就的，需要长期的积累和耐心的等待。为自己设定具体、切实可行的目标，这个目标可能是学习上的，也可能是生活上的，并且在实现目标的过程中还要不断调整自己的方向和思路，才能在青春的时光里走得更加坚定和自信。为了这个目标，我们需要不断学习和充实自己。青春是学习的最佳时期，学好知识不仅可以为你们的未来奠定基础，还可以增强自信心和认知水平。此外，参加丰富多彩的课外活动和社会实践，也可以让你们更加深入地了解社会和拓宽眼界。

其次，我们应该学会自我管理，拥有正确的自我认知。懂得珍惜时间，充分利用时间是走向成功的重要方法。在青春期，时间是最有价值的财富。花费时间在有价值的事情上，如阅读、学习技能等，将会使我们在未来更有价值。在我们青春的时候，学习和锻炼自己会影响我们未来的人生道路。我们还应该更多地、清楚地了解自己的兴趣爱好，知道自己擅长的事情，同时也要了解自己的不足之处。只有对自己有真实的了解，才能更好地学习和成长。

第三，我们要学会与他人合作，拥有良好的人际关系。我们需要不断锤炼自己，过好自己的每一天。无论是在学习、社交还是个人能力方面，都需要不断进步。青春期是我们结交朋友的时光，朋友是我们成长的重要伙伴。在华丽的人生交响曲中，每个人都有着自己的角色和任务。在与他人交往的过程中，我们要学会包容、理解、尊重对方的差异，同时也要树立自己的个性和信念，不断地提高自己的情商和人际交往能力。

第四，勇于尝试和创新。我们在成长过程中，一定会面临诸多困难和挑战。但是，我们要保持积极的心态，积极寻找解决方案和突破口。我们要敢于尝试新的事物，勇于创新和设计，不断完善自己的能力，为自己的青春绽放光彩。或许，有时候可能会碰到无法克服的困难，甚至感到迷茫和彷徨。但是请相信，"一切皆有可能"。只要我们不断努力进取，勇敢拥抱未来，相信自己，梦想就一步步地成为现实。

"不要让昨天的遗憾，成为你今天的后悔。" 用心做好每一件事情，过好每一天时光，我们离梦想就会越来越近。为梦想而奋斗吧！